예술과 경영의 융합

- 예술경영학과 경영미학 -

한은수, 성을현, 정철호, 한지수 저

비즈프레스

서 문

최근의 학문적 트렌드는 융합이다. 예술과 경영의 융합도 이러한 학문의 융합트렌드 중의 하나다. 예술과 경영은 그 동안 많은 부분에서 서로 협력적 관계를 형성하여 왔으며, 이의 틀은 크게 두 가지로 분류해볼 수 있다. 첫째는 예술에서의 경영의 도입이다. 즉 예술을 운영함에 있어 기업의 경영방법을 채용하는 형태이다. 예술을 운영한다 함은 예술단을 운영하고, 관객과 예술가의 관계를 효과적으로 연계하는 활동을 말한다. 따라서 예술에 경영학을 도입한다 함은 예술활동을 효율적으로 운영하기 위해 기업조직의 경영기법을 예술조직에 도입한다는 것을 의미한다. 이 분야는 예술경영학으로 발전하여 오늘에 이르고 있다. 둘째는 반대로 기업경영에 예술을 적용하는 것이다. 즉 기업경영에 예술적 행위나 작품, 예술적 특성들을 채용하여 적용하는 형태이다. 이는 실무적으로 기업에서 유럽을 중심으로 활발히 진행되고 있으며, '경영미학' 또는 '예술기반경영' 등으로 불리며 독자적인 학문적 분야로 발전을 꾀하고 있다.

혹자는 예술경영학과 경영미학을 구분하지 않기도 한다. 예술경영학에서 경영미학을 다루면 되지 별도로 구분하여 새로운 학문을 만들어 낼 필요가 있느냐는 것이다. 그러나 본 저자들의 생각은 좀 다르다. 동일한 예술과 경영의 융합이지만 융합의 기반이 다르기 때문이다. 예술과 경영이 동일하지 않은 것처럼 기반이 어느 쪽이냐에 따라 성격이 달라지기 때문이다.

본서는 융합의 관점에서 예술경영학과 경영미학 모두를 다루고 있다. 하지만 중심은 경영미학에 있다. 예술경영학이 이미 학문적 틀을 잡고 있는데 비해 경영미학은 이제 학문적 틀을 잡아가고 있어 소개의 필요성이 더 크기 때문이다. 예술경영에 대한 보다 더 깊은 이해를 원한다면 다른 예술경영 전문서적을 보길 권한다.

본서에서는 경영미학의 흐름을 크게 실무적 접근에 따라 4가지로 분류한다. 첫 번째는 메세나(Mecenat)로 기업이 예술을 후원하는 형태이다. 두 번째는 콜라보레이션(Collaboration)으로 예술인과 기업이 공동으로 제품이나 광고물 등을 제작하는 것이다. 세 번째는 예술적개입(Artistic Intervention)으로 전문예술인들이 기업에서 직접적인 개입을 통해 기업 구성원들과 함께 예술활동을 수행하는 것이다. 네 번째는 미학경영 또는 예술적지향성(Artistic Orientation)으로 전반적인 기업경영에 예술의 개념이나 특성들을 반영하여 경영활동을 수행하는 것이다. 본 저자들은 뒤로 갈수록 융합의 정도가 더 높다고 보고 있다. 이러한 경영미학의 흐름을 발견해 낸 것이 본서의 가장 큰 기여라 생각한다. 하지만 아직은 보완의 필요성이 많이 있음도 솔직히 고백한다. 시간을 두고 계속 보완해 나갈 것을 약속한다.

서문에서 분명히 해두고 싶은 것은 '경영미학'은 '경영의 미학'과는 구분되어야 한다는 것이다. 즉, 경영의 미학은 경영은 하나의 미적대상으로 보아야 함을 의미하는 것으로 경영에 예술을 도입하는 경영미학과는 구분되어야 한다. 예를 들면, 존 로버츠의 『Organizational design for performance and growth』를 한국어로 번역한 『성장과 이익창조로 완성한 경영의 미학』에서의 '경영의 미학'은 '경영미학'과는 다른 개념으로 보아야 한다는 것이다.

마지막으로 바쁘신 와중에 본서의 출간을 허락하신 비즈프레스의 추일재 사장님께 감사를 드린다. 그리고 많은 문헌들을 일일이 찾아 정리해주느라 수고한 성제이에게도 고마움을 표한다.

2020년 4월 저자일동

목 차

제1장 융합에 대한 이해 ········· 1

1. 융합시대의 도래 ········· 1
2. 융합의 개념 ········· 2
3. 융합의 근접개념 ········· 8
4. 융합의 발전과정 ········· 11
5. 융합의 유형 ········· 15
6. 융합의 원인과 효과 ········· 34
7. 문화예술산업에서의 융합 ········· 35
8. 문화예술과 콘텐츠산업 간의 융합 ········· 38

제2장 경영과 예술의 융합 ········· 43

1. 경영과 경영학의 개념 ········· 43
2. 예술의 개념 ········· 47
3. 경영과 예술 융합의 발전 ········· 52
4. 학문으로서의 경영학과 예술의 융합 ········· 59

제3장 예술경영학 ········· 63

1. 예술경영학의 개요 ········· 63
2. 예술경영학의 발전과정 ········· 63
3. 예술경영학의 유형 ········· 68
4. 예술경영학의 학문적 특성 ········· 78
5. 예술경영학의 최근 동향 ········· 93

제4장 경영미학 ······ 98

1. 경영미학의 개념 ······ 98
2. 경영미학의 등장 배경 및 발전 ······ 104
3. 경영미학의 유형분류 ······ 114
4. 실천적 기법으로서의 경영미학 1 : 메세나 ······ 124
5. 실천적 기법으로서의 경영미학 2 : 콜라보레이션 ······ 128
6. 실천적 기법으로서의 경영미학 3 : 예술적 개입 ······ 130
7. 실천적 기법으로서의 경영미학 4 : 미학적 경영 ······ 147
8. 학문적 영역으로서의 경영미학 ······ 151
9. 경영미학의 인프라 ······ 153
10. 경영미학의 효과 ······ 154

제5장 예술경영학과 경영미학의 비교 ······ 162

1. 개념적 비교 ······ 162
2. 독자영역의 범위 비교 ······ 165
3. 학문적 특성 비교 ······ 167

제6장 결 어 ······ 170

1. 경영과 예술 융합의 미래 방향 ······ 170
2. 향후의 과제 ······ 171

<참고문헌> ······ 174

제1장 융합에 대한 이해

1. 융합시대의 도래

융합은 세계적인 흐름이다.

21세기 세계경제는 다양한 기술·산업 간 창조적 결합을 통해 부가가치를 창출하는 "융합시대"로 급속히 전환하고 있다. 세계 각국은 이미 기술 및 산업 융합을 미래 기술혁명시대의 핵심기술(Key Technology)로 인식하고 새로운 성장 동력의 창출 및 미래 국가경쟁력을 확보하기 위해 다양한 정책을 추진 중에 있다(박영수 등, 2013). 그리고 이러한 흐름에 동조하여 최근 산업현장은 물론 학계에서도 융합에 대한 논의들이 많이 나타나고 있으며, 이러한 논의들은 각 기술 및 산업분과 영역의 발전이 더 이상 개별영역 안에서의 발전모색을 통해서는 이루어지기 어렵다는 인식을 배경으로 하고 있다(김세훈, 2013).

실제로 최근의 융합의 동향은 나노기술(NT), 생명과학기술(BT), 정보통신기술(IT), 인지과학(CS) 등 기반 기술의 융합과 물리, 화학, 생물학, 수학, 전산학, 그리고 인문학에까지 다양한 학제 간 융합 연구(Inter-disciplinary research)의 방향으로 나아가고 있다. 전방위적으로 융합이 이루어지고 있는 것이다. 2001년 "우리는 거대한 융합의 바다에 떠 있으며, 한국의 미래는 융합기술에 달려 있다."라고 '제3의 물결' 저자인 미래학자 앨빈 토플러가 우리에게 충고의 말을 던진 지 19년이 지난 지금, 우리나라에서도 융합은 기술·산업·인문·예술간 융합 등 다양한 분야에서 활발히 진행되고 있다. 이제 융합은 세계적으로 거스를 수 없는 시대적 대세로 자리를 잡았다.

융합은 왜 필요할까?

그러면 융합연구가 왜 필요할까? 송종국(2010)의 연구는 전문가(기업, 기업연구소, 대학, 출연연구소, 정부기관 등) 243명을 대상으로 약 24%인 58개의 설문을 회수하여 분석한 결과를 토대로 그 이유를 분석하였다. 그 결과 '한 기술 영역에서 해결하지 못한 문제를 다른 기술을 도입하여 해결하기 위해'라는 응답이 절반을 넘었으며, '급변하는 기술.산업 환경에 대응하기 위해'라는 응답은 17.6%, 기술외적인영역의 수요에 대응하기 위해'라는 응답이 15.7%, '새로운 사업기회(business opportunity) 창출을 위해'라는 응답이 13.7%로 나타났다.

2. 융합의 개념

융합의 일반적 정의

융합이란 기존에 존재하던 것들이 물리적으로 또는 개념적으로 합쳐져서 새로운 현상, 새로운 기술, 새로운 개념을 만들어 내는 것이다. 다시 말하면 융합은 서로 다른 분야의 사물이나 아이디어를 결합하여 기존보다 향상되거나 또는 기존과는 전혀 다른 획기적인 새로운 가치를 창출하는 과정을 의미한다(김형태, 2012). 일반적으로 융합이란 최소 두 개 이상의 품목이 하나로 합쳐지는 것, 혹은 최소 두 개 이상의 분리된 과학, 기술, 시장, 산업 사이의 경계가 모호해 지는 것으로 정의되고 있기도 하다(Choi and Valikangas, 2001).

한편, 융합은 우리가 일상적으로 자주 사용하는 단어인 '발명' 또는 '창의적 혁신활동'이라는 단어와도 유사하다. 단순한 한 가지 핵심기능만 제공했던 전화기와 TV에 컴퓨터의 기능을 추가하여 스마트폰과 스마트 TV가 발명되었으며, 디지털 사진기와 와이브로의 기능을 추가하여 방금 촬영한 고화질사진으로 다른 사람들과 공유할 수 있게 되었다. 스티브잡스는 인문학과 공학분야의 융합에서 아이디어를 찾아내 개인용 컴퓨터 시대 발전에 크게 기여했고 또한 전 세계 9억 명의 사람들을 가지고 있는 Facebook도 기존 SNS 플랫폼 위에서 새로운 개념의 서비스를 융합하여 제공함으로써 회원들의 활동 및 참여를 유도하고 있다. 그런가 하면 미국 네바다주에서는 구글이 개발한 무인자동차에 대해서 인류 역사상 최초로 인간이 아닌 기계에게 운전면허증을 발급했다고 한다. 이것 또한 기술력과 사회제도의 융합을 통해 생성된 새로운 현상이다. 융합은 이처럼 다양한 관점에서 살펴볼 수 있다(김형태, 2012).

그런가 하면, 융합의 정의가 매우 어려운 측면도 있다. 최근의 급속한 과학기술발전은 나노기술(NT), 생명과학기술(BT), 정보통신기술(IT) 등 기반 기술의 융합과 물리, 화학, 생물학, 수학, 전산학, 그리고 인문학에까지 다양한 학제 간 융합 연구, 즉 다학제적 연구(Inter-disciplinary research)의 방향으로 나아가고 있다는 견해가 지배적이다. 다학제적 융합 연구는 융합의 형태, 기술간 관계, 연구 형태 등에 따라 다양하게 분류될 수 있으며, 더 나아가 융합의 발생메커니즘에 따라 기존 학문의 발전 과정에서 학문 내 요구에 의해 타 분야의 기술이 유입되어 접목되는 내생적 발생과 두 학문의 연계 발전에 의해 기존에는 없었던 새로운 영역이 도출되는 외생적 발생으로 구분해 볼 수 있다. 이렇게 구분할 때 융합 연구영역을 미리 설정하고 분석하는 기존의 연구 방식은 주로 외생적 발생에 의한 연구만을 포착하며 내생적 발생에 의한 연구를 확인하기 어렵다. 단적인 예로 NT는 기초 수준의 탐색을 제외한 대다수의 연구가 타 영역과의 융합을 통해서 의미를 지님에도 불구하고 BT 또는 IT와의 결합 접점에서만 파악되고 있다. 융합 연구에 대한 지대한 관심과 활발한 활동에도 불구하고 막상 융합기술의 정의나 범위는 여전히 불분명한 상태이다. 다학제연구(Multidisciplinary research), 학제간연구(Inter-disciplinary research), 초학제연구(trans-disciplinary research), 컨버전스, 퓨전 등 기술의 융합과 관련된 다양한 개념들은 혼재되어 있으며 관점에 따라 제각기 다른 분류와 정의를 사용하고 있고 그 범위에 대해서도 통일된 견해는 없다. 기술 또는 학문의 융합은 최근에 일어난 새로운 현상은 아니며 연구자에 따라서는 철학과 심리학, 그리고 생리학적 지식을 융합한 19세기 독일의 실험생리학을 다학제적 융합 연구의 예로 설명하기도 한다. 그러나 예전부터 있어온 학문의 융합과 최근 이슈가 되고 있는 다학제적 연구의 차이가 무엇인지에 대한 설명은 찾아보기 어렵다. 융합의 정의가 어려운 또 다른 이유는 연구영역과 관련되어 있다. 지금까지 융합 연구에 대한 정책적 지원의 기반으로 활용되는 대부분의 연구에서는 융합 연구 영역을 NBT(NT+BT), BIT(BT+IT), NIT(NT+IT) 등으로 설정하고 해당 영역의 연구 테마를 조사하여 이를 융합 연구로 정의하고 있다. BIT 영역은 바이오인포매틱스, 바이오컴퓨팅, NIT 영역은 나노포토닉스, 나노일렉트로닉스, NBIT 영역은 바이오센서 등과 같은 식이다. 이러한 미리 설정된 영역은 연구 현장에서 일어나고 있는 광범위한 기술의 융합 과정을 파악하지 못하고 단지 틈새 시장(niche market)으로서의 일부 영역만을 제시할 수밖에 없다.

이렇게 융합에 대한 정의가 다양하고 또 쉽지 않음에도 불구하고 융합에 대한 정의는 현실에서 엄연히 활용되고 있다. 일반적으로 많이 활용되는 융합의 개념은 퓨전(fusion)과 컨버전스(convergence)로 연구자에 따라 'fusion'과 'convergence' 모두 기술 융합을 의미하는 예로 사용되기도 하고, 더러는 'fusion'은 두 기술이 융합되어 새로운 기술이 탄생하는 의미로, 'convergence'는 두 기술이 만나는 것에 좀 더 초점을 맞추는 의미로 사용하기도 한다(박기범·황정태, 2007).

기술융합이 촉진되어야 할 당위성으로는 기술융합을 통해서 기술혁신이 촉진됨으로써 기업의 생산성이 향상되고 신제품이 개발될 수 있다는 점, 또 의사소통을 강화하는 문화적 특성을 고양하게 되고 궁극적으로 개인 및 집단의 성과가 제고된다는 점을 들 수 있다. 그리고 융합기술의 혁신이 활발해지면 복잡한 사회문제 또는 경제문제를 해결할 수 있는 능력이 강화될 것이며 이 능력이 결국 인간의 '삶의 질'을 향상시킬 수 있게 될 것이다(김종범, 2014).

그러면 실제 실무자들이 생각하는 융합의 개념은 무엇일까? 송종국(2010)은 설문조사를 통해 이를 조사하였다. 송종국은 전문가(기업, 기업연구소, 대학, 출연연구소, 정부기관 등) 58명을 대상으로 조사·분석하여 다음과 같은 결과를 얻었다([그림1] 참조). 이에 따르면, 융합기술을 '서로 다른 기술이 결합하여 구성된 새로운 기술 분야'라고 절반 이상의 전문가가 응답하였고, '하나의 시스템을 구성하기 위해 복합화된 기술 분야'라는 응답은 24.1%, '기술이 진화하면서 이종기술을 포함시킨 기술 분야'라는 응답은 13.0%, '서로 다른 기술 영역간의 중첩된 기술 분야'라는 응답은 9.3%로 나타났다.

[그림1] 융합기술의 개념

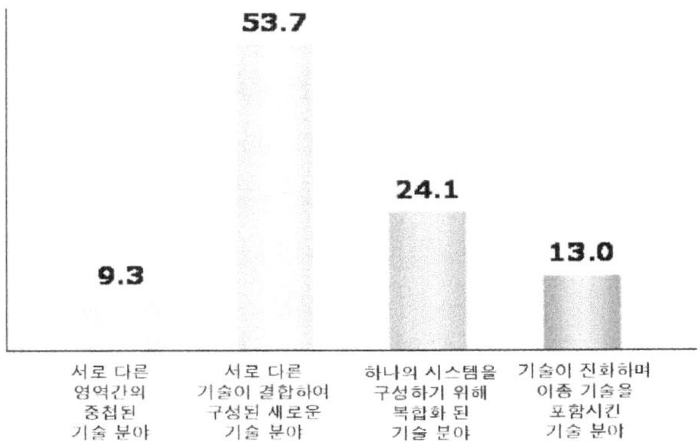

자료 : 송종국(2010)

산업레벨 관점의 융합의 정의

기술 융합이란 '두 가지 또는 그 이상의 기존 기술 간의 결합을 통한 신기술을 개발 또는 기술 컨버전스를 통한 급진적 혁신'을 의미한다(Kodama, 1992). 기술 융합과 관련된 연구들은 대부분 국가 및 산업 레벨에서 이루어져왔다. 국가 차원에서는 융합기술 발전전략을 수립하고 이에 따라 산업 간 융합을 촉진할 수 있는 지원방안을 마련하려는 움직임이 활발히 이루어져왔다(MIC, 2005; Chun and Heo, 2006). 그리고 산업 레벨에서는 특허서지사항 분석을 통해 산업 간 융합 정도를 측정할 수 있는 지표를 개발하거나(Porter et al., 1985; Morillo et al., 2003), 특허인용분석을 활용하여 기술 융합의 진화패턴을 분석하는 연구 등이 이루어졌다(No and Park, 2010). 이러한 관점에서 보면 기술의 융합은 산업레벨의 융합으로도 바라볼 수 있음을 알 수 있다.

산업융합의 정의는 산업융합촉진법(2014년5월20일 제정)에서 잘 나타나 있다. 동법 제2조 (정의)에 따르면, "'산업융합'이란 산업 간, 기술과 산업 간, 기술 간의 창의적인 결합과 복합화를 통하여 기존 산업을 혁신하거나 새로운 사회적·시장적 가치가 있는 산업을 창출하는 활동을 말한다" 라고 규정하고 있다. 이와 함께 동법에서는 산업융합의 결과물에 대해서도 "산업융합 신제품"이란 산업융합의 성과로 만들어진 제품으로서 경제적·기술적 파급효과가 크고 성능과 품질이 우수한 제품을 말하는 것으로, 또 "융합 신산업"이란 산업융합을 통하여 새롭게 창출된 산업 부문 중에서 시장성, 파급효과, 성장 잠재력과 국민경제 발전에 대한 기여도가 높은 새로운 산업을 말한다." 라고 규정함으로써 산업레벨에서의 융합에 대한 정의를 명확히 하고 있다.

산업레벨에서의 융합이 중요한 이유는 최근 혁신의 가장 특징적인 동향이 산업융합(industry convergence)에서 나타나고 있다는 점에 있다. 오늘날 융합산업의 발전은 경제적 부가가치의 많은 부분을 차지하고 있으며, 바이오·나노 시대를 거쳐 새로운 '융합시대'를 조성하기에 이르렀다. 융합에 대한 개념은 1960년대 초 Rosenberg(1963)의 연구에서 처음 제시되었다. 그는 융합이란 과학기술분야가 당면한 공통된 문제를 해결하기 위하여 다양한 기술이나 연구 분야들이 종적 또는 횡적으로 협력하는 현상이라고 설명하고 있으며, 또 '다양한 산업이 각자의 기술적 문제를 해결해 가는 과정에서 일어나는 공공 기술혁신 활동'이라고 정의하고 있다(김세훈, 2013). 이후 다양한 연구자들이 유사개념을 제시하였으며(Duysters and Hagedoorn, 1998; Sahal,1985), 이후 융합의 개념이 최소 두 개 이상의 품목이 하나로 합쳐지는 것, 혹은 최소 두 개 이상의 분리된 과학, 기술, 시장, 산업 사이의 경계가 모호해 지는 것으로 정의됨으로써 개념이 점차 확대되고 있다고 볼 수 있다(Choi and Valikangas, 2001; 김지은·이성주, 2013). 일예로 국가융합기술발전 기본계획(2009~2013)에 따르면 융합기술이란 NT, BT, IT 등의 신기술간 또는 이들과 기존 산업·학문 간의 상승적인 결합을 통해 새로운 창조적 가치를 창출함으로써 미래경제와 사회.문화의 변화를 주도하는 기술로 정의되고 있는데(김지은·이성주, 2013). 이는 복잡해지고 다양해지는 과학기술의 추세를 반영하여 융합기술이 이종 및 동종의 다양한 기술들의 결합까지를 포괄하는 폭넓은 개념으로 경제·사회적 수요를 해결하기 위한 학문 및 산업과의 결합까지 포함하는 광의의 개념으로 확대된 것이다.

그러나 기술융합을 정의하고 연구함에 있어 고려해야할 점은 산업과 기업레벨의 균형이다. 실제 기술 융합은 개별기업

간의 협력을 통해 이루어지는 경우가 대부분이기 때문에 기업 레벨에서의 연구가 필요하며, 이를 통해 현실적인 협력지원방안을 수립하고 산업융합을 촉진시키는 것이 중요하다(조찬우·이성주, 2013).

3. 융합의 근접개념(융합과 복합의 차이 등)

융합과 복합

융합과 복합의 개념은 엄밀히 구분이 된다. 융합의 사전적 의미는 본래 전혀 다른 둘이 만나 새로운 것을 창조한다는 것을 뜻하는 반면, 복합은 둘 이상이 만나 결합을 통해 하나가 되나 본래 결합되었던 것들의 본래 성질을 유지하는 것을 의미한다. 그리고 융합이라고 보기 어렵고 결합이라고 보기도 어려운 중간의 형태로 둘 이상이 만나 결합을 통해 본래의 성질을 유지하며 새로운 기능이나 가치를 창출하는 것도 있다. 예를 들어 수소와 산소가 만나는 것은 융합이며, 지우개와 연필이 하나가 되는 것은 복합이다. 그리고 핸드폰은 중간 형태에 해당한다. 하지만 현실적으로 이러한 개념들은 구분하기가 매우 힘들다. 따라서 이러한 개념을 모두 포함하는 개념으로서 융복합이라는 개념이 사용되기도 하며, 보다 넓은 의미로 융합을 정의하고 이 융복합의 개념을 모두 포괄하기도 한다.

교육적 관점에서 볼 때, 융합교육을 융복합교육이라고도 하는데, 김시정 등(2012)은 학습자의 융복합적 사고 능력을 교육하기 위해 교과와 교과 또는 서로 상이한 배경 학문이 융합에서 복합에 이르는 다양한 방식으로 결합되어 마련된 교육이라 정의하였다. 융합교육은 둘 이상의 교과나 지식 체계 등이 만나 전혀 새로운 지식체계나 교과를 형성하는 것이고 복합교육은 둘 이상의 교과나 지식체계 간의 결합을 통해 하나의 교과로 마련되나 본래 결합되었던 학문의 성격을 유지할 때 사용하는 개념이다(신동주, 2013; 진성희·신수봉, 2013).

융합과 통섭

융합과 유사한 용어로 통섭(統攝)이 있는데, 이는 에드워드 윌슨(1988)이 쓴 『통섭: 지식의 대통합』이란 책이 2005년 국내에 번역 출간되면서 소개된 용어로, 모든 것을 다스린다는 사전적 의미를 넘어 지식의 대통합이라는 의미를 갖는 것으로 융합과 뉘앙스(nuance)는 다르지만 의미 자체는 큰 차이가 없다(박양우·김유리, 2011).

산업영역에서의 융합과 관련된 관심은 학문영역에서의 통섭에 대한 논의와 직·간접적으로연계되어 있다. 라틴어 'consiliere'에서 파생된 통섭(consilience)은 'con'(함께)과 'salire'(뛰어넘다)가 결합된 용어로 '이질적인 두 분야를 단순 통합하거나 종합하는 것이 아니라 다양한 목적과 방법을 통해 두 분야가 함께 도약'함을 의미하는 것으로 이해된다(공채영2011: 99).

융합과 콜라보레이션(collaboration)

콜라보레이션은 상이한 업종 또는 업무형태 간 공동 작업을 통해 소비자들에게 익숙한 제품이나 서비스, 브랜드 등에 참신함을 부여하고 화제성을 유발해 지속적인 소비를 유도하고 각 참여 기업의 시너지를 강화하여 기존과는 다른 새로운 부가가치를 창출하는 것을 목표로 하고 있다. 사전적 의미로 '모두 일하는' 혹은 '협력하는 것'을 나타내는 콜라보레이션(Collaboration)은 공동 작업을 뜻한다. 서로 다른 두 속성이 만나 각자의 속성이 가지고 있는 경쟁력을 유기적으로 결합해 시너지 효과를 내는 것을 목표로 하는 콜라보레이션 전략은 두 속성간의 차이에 초점을 맞추는 것이 아닌 이질적인 속성

간의 '전략적 협업'을 통해 두 속성의 가치를 상호 혁신시켜 결국 두 개 이상의 속성이 지니는 가치를 물리적으로 결합하는 '1 + 1 = 2'가 아닌 그 이상의 발전적 진화를 의미한다.

중세 이탈리아 피렌체의 메디치 가문, 밀라노의 스포르차 가문은 당대 예술 천재들을 물심양면으로 후원함으로써 그들의 재능을 꽃 피우게 했다. 이들 명문 가문 사례에서 콜라보레이션의 기원을 찾을 수 있는데, 이러한 전통은 특히 패션산업을 중심으로 현대까지 이어져 유명 작가의 예술작품이나 디자인을 활용하여 패션아이템을 개발하는 아트 콜라보레이션으로 확장되어 수많은 브랜드의 성공을 이끌어 냈다. 최근의 콜라보레이션은 기존의 아트 콜라보레이션에서 더 나아가, 융합의 '혁신적 콘텐츠'를 창조하는 형태로 진화하고 있다. 콘텐츠의 소비가 증가하고, 디지털 기술이 진보하면서 소비자들은 자연스럽게 콘텐츠관련 기술에 대한 기대를 가지게 되고 그 결과 콘텐츠 기술은 단순히 콘텐츠를 상용화화기 위한 기술을 넘어 진화된 콘텐츠를 탄생시키는 창작활동의 일부로 발전하였다. 일예로 국내의 현대자동차는 스마트폰 OS 제작업체인 구글, 애플과 손잡아 제조업과 콘텐츠기업의 콜라보레이션 전략을 통하여 시너지 효과를 노리는 산업 융합형 콘텐츠를 구상하고 있으며, 이외에도 장르 융합형 콘텐츠, 기술 융합형콘텐츠를 통해 수많은 기업에서 다양한 콜라보레이션 시도가 이루어지고 있다. OSMU(One Source Multi Use) 또한 하나의 콘텐츠를 이용해 관련된 다양한 콘텐츠나 서비스를 만드는 전략이라는 점에서 콜라보레이션과 혼용되기도 하지만, OSMU가 동종 또는 연관 산업의 범주인 데 비해, 콜라보레이션은 이종산업간 제휴에 기반한 경우가 많아 보다 포괄적인 개념이라는 점에서 차이가 있다(노병석 등, 2014).

4. 융합의 발전과정

융합에 대한 관심은 1960년대 초반 로젠버그(Rosenberg)가 '다양한 산업이 각자의 기술적 문제를 해결 해가는 과정에서 일어나는 공공 기술혁신 활동'이라고 융합을 정의하면서 시작하였다. 융합은 기술 발달 특히 IT와 미디어의 발전에 따라 '이제까지 상이한 영역으로 간주되었던 기능 및 서비스가 하나의 제품으로 활용될 수 있도록 수렴되는 현상'으로 규정 된다(이용관, 2013; 이기현, 2010; 김지은·이성주, 2013; 김세진, 2013).

융합기술연구에 대한 본격적인 관심은 Kodama(1992)가 융합은 기술혁신과 밀접한 관계가 있으므로 R&D투자의 효율적 정책으로 유용하다고 이야기 한 이후에 정책입안자들의 관심을 가지기 시작하였으며, 2002년 미국에서 제1차 NBIC 융합기술전략을 수립하면서 전 세계적으로 융합연구 정책이 활성화 되었다. 우리나라에서도 2007년부터 융합기술에 대한 기본방침과 '국가융합기술발전 기본계획(2008)'이 수립되면서 부처별 융합기술에 대한 정책들이 나타나기 시작하였다. 그 결과 정부연구개발사업의 경우 융합연구 과제의 투자비중이 전체연구개발비 대비 9.4%(2009년)에서 13.21%(2017년)로 증가추세를 보이고 있다(미래창조과학부·KISTEP, 2014; 김홍영·정선양, 2015; 과학기술정보통신부, 2018).

이종 간의 기술이 혼합된 연구는 연구자들의 호기심과 문제점을 해결하기 위해서 자발적으로 발생하고 있다. 과거 단일기술내에서의 혁신과 발견을 위한 연구를 수행하던 것이 기술의 발전과 기술의 다양성이 생성되면서 연구자들의 주제가 다변화됨에 따라 단일기술분야에서의 연구 한계가 발생함으로써 생긴 자생적인 융합현상이었다. 이러한 자발적인 기술융합의 융합연구에 대하여 정부가 전략적 대상으로 최초로 인식하고 계획을 수립하게 된 것은 2002년 미국 NSF에서 만든 "인간 수행능력 향상을 위한 융합기술(NBIC)"3) 보고서부터이며, 이후 2004년 EU의 "유럽사회의 미래설계를 위한 융합기술(CTEKS)"4) 보고서 등이 마련되면서 융합연구의 중요성이 세계적으로 부상하였다(이광호 외, 2013). 우리나라는 경제성장의 새로운 먹거리 마련을 위한 신성장동력 창출과 연계하는 방향으로 추진되었는데, 2008년 "국가융합기술발전 기본계획(2009~2013)"을 수립하면서 제도적 기반을 마련하였다(김홍영·정선양, 2015).

기술영역을 중심으로 이해되었던 초기의 융합과 관련된 관심은 최근 들어 '지식이나 학문의 통섭을 통하여 학문, 기술, 제품/서비스, 산업등과 같이 독립적으로 존재하던 분야 및 개체들이 화학적 결합을 통하여 융합제품, 융합서비스, 융합산업, 융합디자인과 같이 그 가치를 더욱 향상시켜 더 확장된 새로운 개체를 창조하는 것'으로, 나아가 기술적 차원뿐만 아니라 콘텐츠 또는 서비스의 융합, 산업의 융합, 사회의 융합으로 까지 포함하는 것으로 그 논의 지평이 확대되고 있다(남미경, 2012; 이기현, 2010; 김세진, 2013)).

Tip

Naver로 보는 융합의 개념

융합기술(converging technology)에 대한 최초의 논의는 MIT 미디어랩의 네그로폰테(Nicholas Negroponte) 교수에 의해 이루어졌다고 볼 수 있다. 그는 1979년에 디지털 기술의 발전으로 각종 기술과 서비스가 하나로 융합되는 현상을 디지털 융합(digital convergence)으로 불렀다. 이어 미국의 국립과학재단에서 2002년에 발간된 『인간 능력의 향상을 위한 융합기술(Converging Technologies for Improving Human Performance)』이란 보고서는 나노기술, 생명공학기술, 정보기술, 인지과학의 결합, 즉 NBIC(Nanotechnology, Biotechnology, Information Technology, and Cognitive Science)에 주목했다. 이는 그동안 정보기술(IT)에 국한되었던 융합기술에 대한 논의가 나노기술(NT), 생명공학기술(BT), 인지과학(CS) 등으로 확장되고 있음을 의미한다.

우리나라에서는 2000년을 전후하여 미래유망기술을 거론하면서 융합기술에 대한 관심을 보이기 시작했다. 당시 정부는 21세기 과학기술의 발전과 경제사회의 변혁을 주도할 신기술로서 정보기술(IT), 생명공학기술(BT), 나노기술(NT), 우주항공기술(ST), 환경기술(ET), 문화기술(CT) 등을 거론했다. 2000년 이후에 미래유망기술에 관한 각종 계획이 수립되면서 미래유망기술 사이의 융합에도 주목하기 시작했는데, 나노바이오기술(NBT), 나노정보기술(NIT), 바이오정보기술(BIT), 나노바이오정보기술(NBIT) 등은 그 대표적인 예이다.

우리나라에서 융합기술에 대한 논의는 국가과학기술위원회가 2008년 11월에 「국가융합기술발전기본계획」(2009-2013년)을 발표하면서 가시화되었다. 이 계획은 융합기술을 'NT, BT, IT 등 신기술 간 또는 이들과 기존 산업·학문 간의 상승적 결합을 통해 새로운 창조적 가치를 창출함으로써 미래 경제와 사회·문화의 변화를 주도하는 기술'로 정의하고 있다. 「국가융합기술발전기본계획」은 ① 원천융합기술의 조기 확보, ② 창조적 융합기술 전문 인력 양성, ③ 융합 신산업 발굴 및 지원 강화, ④ 융합기술 기반 산업고도화, ⑤ 개방형 공동연구 강화, ⑥ 범부처 연계·협력체계 구축 등을 6대 추진전략으로 삼고 있다.

2010년 9월에는 융합기술의 핵심 역량을 강화하기 위한 국가 차원의 실행 전략으로 NBIC(Nano, Bio, IT, Cognitive Science) 국가융합기술지도가 마련되었다. NBIC 국가융합기술지도는 2020년까지 국가적으로 육성해야 할 3대 분야인 바이오·의료, 에너지·환경, 정보통신 분야에서 각 5개씩 총 15개의 우선 추진과제를 발굴하고 70개의 원천융합 기술군을 제시했다.

2011년 10월에는 융합기술에 입각한 산업 발전을 도모할 목적으로 「산업융합촉진법」이 제정되었다. 그것은 국무총리를 위원장으로 하는 산업융합발전위원회를 운영하고, 그 위원회를 중심으로 산업융합발전 기본계획과 시행계획을 수립하며, 산업융합과 관련된 사업을 지원하는 기구로 산업융합지원센터를 설립하고, 융합 신제품의 적합성 인증을 조기에 처리하는 제도 마련을 골자로 삼고 있다.

이어 2012년 8월에 개최된 산업융합발전위원회는 「제1차 산업융합발전기본계획(2013-2017년)」을 확정하였다. 이 계획은 정보기술(IT), 생명공학기술(BT), 나노기술(NT), 인지과학(CS)을 융합기술의 근본이 되는 4대 핵심 요소기술로 보고 있으며, 미래는 기술(NBIC)과 인문학(문화예술)이 융합되어 산업, 개인, 사회가 유기적으로 소통하는 대융합(All in one) 사회로 발전할 것으로 진단하고 있다. 이는 융합기술 자체에 대한 논의를 넘어 융합기술과 문화예술의 결합에도 주목하고 있음을 알 수 있다.

자료 : www.naver.com

5. 융합의 유형

융합의 유형의 분류는 그리 단순한 문제가 아니다. 보는 관점에 따라 다양하게 융합을 분류할 수 있기 때문이다. 지금까지 여러 문헌에서 언급되어진 내용들을 토대로 융합유형을 살펴보자.

산업융합과정에 따른 융합유형 분류

박영수 등(2013)은 산업융합성 분석을 위해 산업융합의 정의를 바탕으로 산업융합의 과정을 단계화하고, 단계별로 다양한 측면의 산업융합의 유형을 구분하여 산업융합의 세부 유형을 도출하였다<표1> 참조).

<표1>에서 보는 바와 같이 산업융합과정 분석모형의 평가체계는 기술과 산업에 대한 결합 측면의 '융합요소' 단계, 산업융합의 필요와 목적 측면의 '융합목적' 단계, 사회적·시장적 가치 창출 측면의 '융합성과' 단계로 구분하였다. 그리고 이러한 융합단계를 평가측면에서 세분하여 기술, 산업, 제품, 수요자, 경제사회적측면으로 나누고 이에 기반하여 각각의 산업융합세부유형을 도출하였다. 도출된 산업융합유형은 기술적측면에서는 동종기술과 이종기술 융합 유형, 산업적 측면에서는 동종산업과 이종산업 융합 유형, 제품(서비스)측면에서는 기술고도화와 기능확대·창출 유형, 수요자 측면에서는 기능중심과 감성중심 융합유형, 경제적 측면에서는 시장확대와 시장창출 유형, 그리고 마지막으로 사회적 측면에서는 수요자 니즈반영과 사회문제해결 유형 등이다. 유형별 이해를 돕기위해 이들의 연구에서 제시한 산업융합유형 별 품목을 예시하면 다음 <표2>와 같다.

〈표1〉 산업융합과정 분석모형 평가 체계에 따른 융합 유형

산업융합단계	평가측면	산업융합세부유형
융합요소	기술적 측면	동종기술 융합유형
		이종기술 융합유형
	산업적 측면	동종산업 융합유형
		이종산업 융합유형
융합목적	제품(서비스)측면	기술고도화 유형
		기능 확대·창출 유형
	수요자 측면	기능중심 융합 유형
		감성중심 융합 유형
융합성과	경제적 측면	시장 확대 유형
		시장 창출 유형
	사회적 측면	수요자 니즈 반영 유형
		사회문제 해결 유형

자료 : 박영수 등(2013)

〈표2〉 품목별 산업융합 유형에 따른 품목분류 사례

산업융합단계	산업융합유형	해당품목
융합요소	이종기술-동종산업 융합유형	A, B, D, H
	이종기술-이종산업 융합유형	C, E, F, G
융합목적	기능중심의 기술고도화 유형	A, B, D, E, F, H
	기능중심의 기능확대·창출 유형	G
	감성중심의 기술고도화 유형	C
융합성과	수요자 니즈를 반영한 시장확대 유형	A, B, C, D, E, F, H
	수요자 니즈를 반영한 시장창출 유형	G

주) 품목은 다음과 같음. A: 도르래 원리 적용 신발끈 고리, B: 자동스탬프, C: 간병용 자동비데, D: LED보안등, E: 고분자 피부마사지기, E: 마이크로니들 미용기기, G: 의지용 인공발, H: 자동 양면테이프

경영환경의 진화에 따른 융합유형

김형태(2012)는 경영환경의 진화에 따라 융합유형을 분류하고 있다. 다음 [그림2]는 산업의 발전과 함께 한 기업 경영혁신분야에서 여러 단계에 걸쳐 발생한 융합의 내용들을 보여준다. 그림의 제일 아래 부분에서 나타난 바와 같이 융합의 진화는 크게 제품, 기능, 조직, 기술, 산업, 생체인공시스템 등 조직차원의 혁신과 관련된 6단계로 설명될 수 있다. 이에 기반하여 융합유형은 제품융합(1단계), 기능적 융합(2단계), 조직적 융합(3단계), 기술융합(4단계), 산업융합(5단계), 생물·인공융합(6단계)로 구분한다.

[그림2] 경영환경의 진화와 융합의 단계

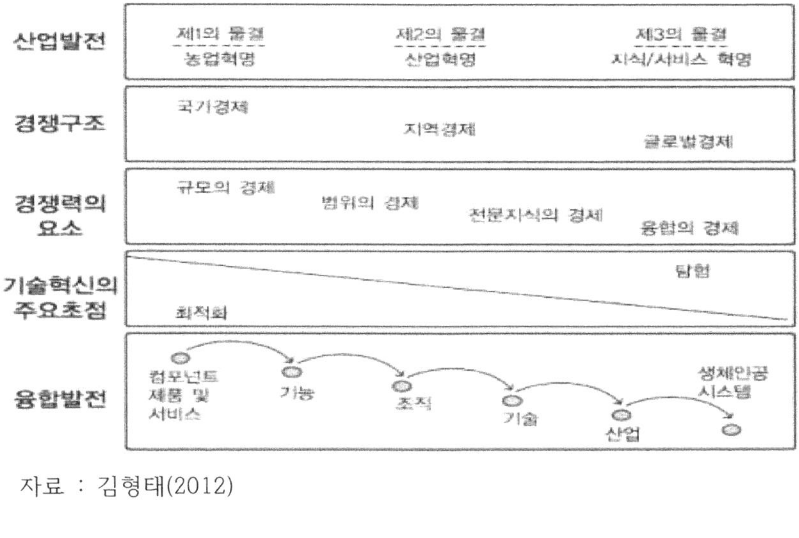

자료 : 김형태(2012)

그 내용을 요약하면 <표3>과 같이 나타낼 수 있으며 세부 내용을 살펴보면 다음과 같다.

〈표3〉 경영혁신환경변화에 따른 융합의 유형

단계	융합의 유형	목표	융합의 예시	
			제조	서비스
1단계	제품융합	제품혁신	휴대전화(통화, 정보 취득, 카메라, 게임 등), 커피(두유, 무카페인, 다이어트, 프라푸치노)	재즈체조(Jazzercise)
2단계	기능적 융합	프로세스 혁신	린 제조 ERP시스템	맥도날드 햄버거(빠른 서비스, 일관된 품질, 어린이를 위한 오락)
3단계	조직적 융합	가치사슬 혁신	제철소(대량생산에서 소규모 제철소로의 이동)	은행(수표계좌 서비스에서 저축, 모기지, 대금 납부 등의 서비스 추가)
4단계	기술융합	기술·제품 혁신	하이브리드 자동차	휴대전화(의사소통, 음악, 이메일, 사진 등)
5단계	산업융합	신규사업, 고객가치 혁신	스타벅스 정치적 광고(정치적 연설과 포스터에서 텔레비전 산업의 전환까지)	eBay(구직광고와 벼룩시장을 전환시킴→처치곤란 물건 정리가 가능하도록 해줌 : 전자상거래 혁명)
6단계	생물/인공 융합	Ubiquitous 혁신	의료검사(X-레이, MRI 등)	중국 의약

자료: 김형태(2012)

① 제품융합

융합은 창의적인 방식으로 사물을 조합하는 인간의 지능을 상징한다. 융합은 항상 우리의 일상 속에 있어 왔으며, 지우개를 붙여 편의성을 크게 향상시켰던 연필처럼 지극히 간단한 형태로도 나타난다. 스마트폰은 인터넷, MP3 플레이어, 사진 및 각종 문서의 편집, 신문, 네비게이션, 그리고 TV시청기능을 기존의 단순 통화기능만을 제공했던 휴대용 전화기에 접목한 융합체이다. 나이키와 애플은 헬스클럽의 회원들이 좀 더 즐겁게 운동할 수 있도록 아이팟과 헬스기구를 결합하였다. 나이키 운동화에 무선 통신시스템을 내장하여 운동중인 사용자의 심장박동, 달리는 속도와 거리 등을 아이팟 나노로 모니터링하면서 동시에 음악을 들 수 있도록 개발한 것이다. 지금도 컴포넌트/제품의 융합은 그 발전의 속도가 급속히 빠르게 진행이 되고 있다. 컴포넌트와 제품의 혁신적 융합의 결과가 현대기업의 흥망성쇠를 좌우한다고 해도 틀린 말이 아니다. 최소한 이러한 사실을 부인할 사람은 많지 않을 것이다.

② 기능의 융합

프로세스란 자원을 투입한 후 가치를 추가하는 일련의 과정을 거쳐 최종 결과물을 산출하기 위한 제반활동을 의미한다. 전통적인 조직구조는 개발, 구매, 제조, 물류, 마케팅, 판매, 서비스, 재무, 인적자원관리 등과 같이 수직적이고 독립된 각각의 기능 영역에 기초하고 있었다. 이러한 각 영역은 서로 다른 기능적 영역 사이에 높은 장벽을 쌓아 전체적인 프로세스를 제한적이고 비효율적으로 만드는 주요 원인이 되어 왔다. 이러한 부분 최적화의 한계를 극복하기 위해 기업에서는 ERP/SCM 등의 시스템을 도입하여 회사 전반에 걸쳐 연결되어 있는 End-To-End 프로세스의 전체 최적화를 추구하고 있다. ERP는 조직의 데이터와 보고시스템을 통합하여 기능적 융합을 이룬 극단적인 예라고 볼 수 있다. 효과적인 SCM 구축은 제품개발단계에서부터 구매담당자가 참여하여 제품설계 일정, 설계도면 및 필요한 부품 등을 검토하여 부품공급업체의 선정 및 공급일정을 사전에 조율하도록 하여 더욱 효율적이고 전략적인 구매활동이 가능하게 되었으며, 마케팅담당자가 유통에서의 제품의 판매현황 및 재고현황을 고려하여 영업과 함께 마케팅전략 및 실행방안을 수립하는 것도 지원해 준다. 이러한 SCM의 효과들도 기업 내부의 각 부서들의 기능을 융합함으로써 전체 프로세스 최적화를 추구하도록 하는 좋은 예시라 할 수 있다. 델은 고객들에게 최대한 신속하게 PC를 배달하기 위해서 도매업자와 소매업자의 단계를 생략하고 곧바로 고객에게 제품을 배송할 수 있도록 자사의 전체 공급 사슬을 단순화 시켰다.

③ 조직의 융합

e-글로벌, 디지털 경제에서는 조직들이 가치사슬을 발전시키기 위하여 다른 기업들과 협력해야 하는 다양한 기회에 직면한다. 공급업체, 조립업체, 배송업체, 나아가 경쟁업체와의 전략적 연대와 합작투자는 조직 간 융합의 좋은 예들이다. 월마트, 나이키, 델 같은 기업의 공급사슬에 참여하는 공급업체들은 강력한 역량과 파트너십을 요구받는다. 삼성전자가 북미 휴대폰시장의 대형 사업자인 Verizon Wireless사와 전략적인 동반성장을 위해 추진했던 VMR(Vendor Managed Replenishment) 프로젝트가 한 사례로 기업이 자기고유의 영역을 공급업체 및 고객사에 오픈하여 너와 나 두 개의 회사가 아닌 우리 회사라는 하나의 관점에서 새로운 가치를 발굴하여 계획 및 실행하고 공유하고자 하였다. 또 나이키가 자신은 브랜드 관리기업으로 남기고 다른 기능은 전 세계에 분포한 협력조직들에 실행시키고 있다.

④ 기술 융합

1980년대 이후가 되자 서로 연관성이 없어 보이는 기술을 융합하여 새로운 제품, 서비스, 제조공정, 나아가 새로운 기술까지 창조해내는 융합혁명이 본격적으로 일어났다. 가장 주도적인 융합은 정보통신기술, 생명공학, 나노기술, 인공지능분야에서 일어났다. 그 예로 LCD는 시침과 초침을 지닌 둥근 모양의 시계와 자동차 안에 장착된 모든 종류의 계기판을 대체하고 있다. 디스플레이기술의 발달로 LCD화면의 크기가 최소화되었고 반도체와 컴퓨터기술의 발달로 LCD와 컴퓨터와의 융합이 가능해졌으며, 문자와 그래픽을 더 작고 밝게 표시할 수 있게 되었다. 유기화합물 전자발광은 LCD보다 더 얇고 밝으며 넓은 가시 폭을 제공하는 OLED를 만드는데 이용된다. 이러한 장치들은 현재 스마트폰이나 음향기기의 보조적 표현 장치로 사용되고 있다.

의료업계에서는 생명공학, 농학, 화학공학의 융합을 통하여 수많은 신약을 개발하였으며, 환자를 유전자구조 수준에서 치료할 수 있는 가능성까지 열리고 있다. 90년대 초반부터 본격적으로 시작되었던 인간지놈프로젝트(Human Genome Project)는 기존 생명공학과 대량의 데이터를 분석 및 처리 할 수 있도록 가능하게 한 컴퓨터과학의 도움으로 미국 생명공학벤처회사인 셀레라 제노믹스사에 의해 2007년 1월 완성되었다. 지놈지도의 완성으로 질병치료와 선천성 기형예방 등에 대한 희망과 함께 유전자 차별 등에 대한 우려를 자아내기도 하였다. 신경공학은 생물학과 컴퓨터과학이 융합하여 탄생시킨 산물이다. 신경과학자들은 신피질에 깊은 관심을 갖고 있는데, 그 것은 신피질이 심리학적 정신이상과 뇌질환을 치료하는 방법의 열쇠가 되고, 학습과 기억의 메카니즘을 설명해 줄 것이라 기대되는 영역이기 때문이다.

⑤ 산업의 융합

산업의 융합은 기존에 서로 분야가 달랐던 산업들의 직접적인 경쟁자가 되거나, 협력자가 되거나, 새로운 산업을 만들어 낼 때 일어난다. 음악 공급업체들과 경쟁하는 애플의 아이튠즈(iTunes)는 IT와 음악이 융합한 결과이다. 월트디즈니가 여행 컨벤션 사업에 진출한 것은 오락, 호텔 그리고 골프산업의 융합이다. 산업의 융합에는 아래와 같이 3가지 유형이 존재한다.

- 기능적 융합 : 서로 다른 산업분야 제품들이 같은 기능을 수행하는 경우를 기능적 융합이라 한다. PC와 TV산업은 두 가지 모두 같은 기능을 제공하면서 서로의 대체품화가 되어 가고 있다.
- 보완적인 융합 : 다른 산업에서 제공하는 가치들이 한 장소에서 함께 제공될 때 보완적인 융합이 일어난다. 예를 들어 항공서비스와 숙박서비스를 같은 장소에서 제공받는 것(여행사가 항공 티켓과 호텔 숙박권을 한 장소에서 판매하는 것)이 그 예라 할 수 있다.
- 기관 간의 융합 : 기업들이 두 산업 간의 제품들이 연결된 것처럼 운영되는 경우, 기관 간 융합이 이루어진다고 본다. 제품에 초점을 두는 것은 보조적인 융합형태인데 비해 기관 간 융합은 조직의 구조에 초점을 둔다. 은행산업은 장기주택융자 산업과 융합하여 예금서비스와 모기지 서비스를 동시에 제공한다. 교육과 오락산업 융합의 예로는 에듀테인먼트 산업이 존재한다. IT와 방송 산업 간의 디지털 융합도 또 다른 예이다. KT에서 제공하고 있는 하나포스 TV는 기존의 정해진 주기에 맞추어 방송을 송출하는 방식에서 벗어나 TV를 전달 가능한 다양한 프로그램에 대한 저장고를 만드는 방식으로 사업의 초점을 바꾸었다. 이에 따라 편집기능을 하는 소스가 단일화되면서 여러 가지 정보를 TV, 라디오, 인쇄물, 웹 등 다양한 미디어 포맷으로 전달하고 있다.

⑥ 생물학과 인공시스템의 융합

생물학과 인공시스템 간의 융합은 가장 높은 수준의 융합 기회를 제공한다. 이것은 이전 수준의 융합에서 아이디어가 획기적으로 새로운 방법과 제품으로 연결되도록 활용하는 가장 높은 수준의 개발방법이다. U-Life(Ubiquitous Life)는 기술과 시스템이 결합하여 우리의 일상을 지원하고 관리하는 상태를 말한다. 이러한 발전은 소형화, 시각화, 조직, 평가 단계를 거쳐 우리 삶을 변화시킨다. 소형화는 광범위한 분야에 적용할 수 있다. 우리는 컴퓨터 칩 기술이 빠르게 발전하여 왔다는 것을 잘 알고 있다 무어의 법칙은 지속적으로 감소하는 칩의 크기와 함께 기하급수적으로 증가하는 컴퓨터의 연산능력에 대해 설명하고 있다. 소형화는 유전자 분할(Gene Slicing)과 분자생물학을 통해 의료산업에도 막대한 영향을 미치고 있다. 시각화의 발전 또한 분자기술에서 나왔다. X선 결정술(X-ray crystallography)과 원자력 현미경 분석법은 꾸준한 발전을 통하여 자연의 극단적인 나노 공간까지도 자세히 관찰할 수 있는 능력을 제공하기에 이르렀다. 제약산업, 정유산업 등 다양한 분야에서 상업적 응용이 가능해졌고 그 밖에도 응용의 예는 얼마든지 찾아볼 수 있다. 이러한 개발은 생물학과 인공시스템의 융합을 약속하고 있다. 조직은 시각화를 통해 얻은 지식을 확장한다. 따라서 생물학과 인공시스템의 융합은 가상현실과 촉감을 통해 핵심적인 기능을 습득하도록 유도하는 훈련 프로그램의 효과를 향상시켰다. 이것은 핵발전소의 운영과 같이 사회적으로 중요한 응용뿐 아니라 신경계의 수술과 같은 분야에서 긴요하게 활용될 수 있다. 평가는 지놈프로젝트와 같이 기술에서 가치를 얻는다. 관련기술에는 마이크로어레이(microarray), 생명공학 하이브리드(biotechnology hybrides), IT 등이 포함된다. 이러한 기술은 극소 품질관리(micro quality control)와 기계적인 제품 즉, 냉장고나 자동차의 특정 부품들의 기대 수명을 더 정확하게 예측할 수 있도록 했다. 공학과 생물학 연구가 융합함으로써 지난 수십 년 동안 우리의 상상력 속에만 존재했던 가상현실의 잠재성이 우리 눈앞에 현실로 펼쳐지게 되었다. 생물학과 인공시스템의 융합의 또 다른 잠재 분야는 동서양 약품의 융합이다. 동양의술과 서양의학은 지난 100여년 간 서로 단절된 채 발전되어 왔다. 하지만 극단적으로 다른 두 전문분야들이 서로의 취약한 점을 보완할 수 있고, 서로에게 유용한 지식을 배울 수 있으며 더 나은 의료서비스와 건강을 위해 이용될 수 있다는 것은 분명한 현실이다.

관점에 의한 유형 분류

박기범·황정태(2007)는 융합연구를 다음과 같이 다양한 관점에서 분류하고 있다.

① 융합형태에 의한 분류

융합형태에 따라 기술의 융합(fusion)과 복합(mixing 또는 convergence)으로 구분될 수 있다. 기술의 융합은 이종기술 간의 화학적 결합으로 개별요소기술들의 특성이 상실되면서 새로운 특성을 갖는 기술이 창출되는 것이고 기술의 복합은 카메라폰(=휴대폰+카메라)과 같이 개별 요소기술들이 단순히 물리적으로 결합하는 것을 의미한다. 기술의 복합화는 주로 산업 또는 제품의 관점에서 개선 기술(improving technology)을 지칭하며 혁신성이나 독창성보다는 고도화 내지는 향상성을 의미한다는 점에서 사회.경제적 파급 효과는 기술의 융합에 미치지 못한다고 할 수 있다.

융합(fusion)의 형태에 따라서는 같은 기술 분야 내에서 일어나는 동종기술간 융합과 서로 다른 기술 분야에서 일어나는 이종기술간 융합으로 구분하는데 동종기술간 융합은 주로 다기능 위주의 병합성 융합이며 이종기술간 융합은 문제 해결을 위한 결합성 융합으로 파악된다. 디지털 컨버전스 현상은 대표적인 동종기술간 융합의 예라고 할 수 있다. 따라서 학문적으로나 경제사회적으로 주목받는 융합은 화학적·이종기술간 융합이라고 할 수 있다.

② 기술간 관계에 의한 분류

두 기술이 서로 융합될 때 동등한 위치에서 융합되어 새로운 분야를 창출할 수도 있지만 어느 한 쪽의 필요에 의해 다른 분야의 기술이 사용되기도 한다. 그 예를 들어 NIT 융합기술을 'IT를 위한 NT 기술'과 'NT를 위한 IT 기술'로 구분하는 경우가 이에 해당한다(김현철, 2005).

〈표4〉 기술의 필요에 의한 분류(NT와 IT사례)

구분	연구개발 내용
IT를 위한 NT기술 (또는 NT를 이용한 IT기술)	- Nano lithography 외 관련 공정기술 개발 - Nano metrology & measurements - 자기조립공정 - CNT조립 및 성장 기술 - 정보통신 장비 - Quantum dot 등 나노스케일 현상 규명 - 나노복합재료 등 구조체용 소재 개발
NT를 위한 IT기술 (또는 IT를 이용한 NT기술)	- 고성능 신호처리 장치 - 메모리 설계기술 - Imaging을 위한 고해상도 디스플레이

자료 : 김현철(2005)

③ 연구형태에 의한 분류

기술의 관점이 아니라 연구의 관점에서는 연구의 형태에 따라 다학문간, 학제간, 초학문적 연구로 구분하기도 한다(양정모, 2006). 다학문간 연구(multi-disciplinary research)는 학문의 병렬적 관점으로 이용할 수 있는 지식과 정보, 방법 등의 확대를 통한 학문간 연계로 각각의 구성원은 각자의 역할을 구분하여 수행하며 현재의 학문적 상태는 변하지 않는다. 학제간 연구(inter-disciplinary research)는 복잡한 이슈와 질문, 문제의 공통의 이해와 시각을 갖기 위해 각자의 학문적 데이터, 방법, 기법, 개념 및 이론을 통합하는데 주된 관점을 둔다. 마지막으로 초학문적 연구(trans-disciplinary research)는 단순히 학문적인 관점의 좁은 의미를 넘어 포괄적인 구조를 의미하는 종합적인 개념으로 구조주위, 마르크스주의, 사회생물학 등 일반적인 시스템 이론을 포함하고 있다.

다학문적 연구는 미국의 '맨하탄 프로젝트'와 우주개발연구 등 연구주제 해결을 위한 느슨한 물리적 결합이라면, 학제 간 연구는 문제 해결을 위한 화학적 결합이라고 할 수 있다. 초학제적 연구에 대해서 유럽과학재단은 '지식 통합의 긴요성에 의해 현재 세계를 이해하는 학문분야를 초월하는 것에 관심을 가지는 연구'로 정의하고 합성생물학(synthetic biology), 인공지능(artificial intelleigence) 등이 제시되고 있다(김종범, 2014).

[그림3] 융합연구의 유형 분류

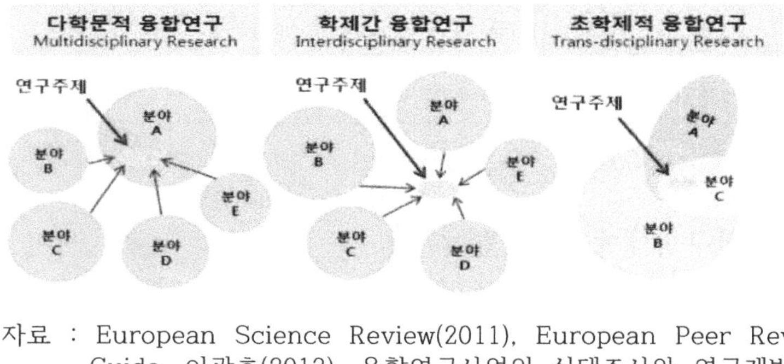

자료 : European Science Review(2011), European Peer Review Guide. 이광호(2013), 융합연구사업의 실태조사와 연구개발 특성분석 재인용

④ 발생 메커니즘에 의한 분류

융합 연구의 발생 메커니즘은 첫째 기존 학문의 발전 과정에서 학문 내 요구에 의해 타 분야의 기술이 유입되어 접목되는 내생적 발생과 두 학문의 연계 발전에 의해 기존에는 없었던 새로운 영역이 도출되는 외생적 발생으로 구분해 볼 수 있다. 생물학(BT)에 전산학(IT)이 도입된 사례를 보면 20세기 생물학의 양대 축인 진화학과 유전학의 방대한 데이터를 처리하는 과정에서 통계학이 도입된 것은 내생적 발생으로, 게놈프로젝트를 통해 확보한 유전 정보의 전산 처리를 통해 유전자 발현 정보를 탐색하는 바이오인포매틱스의 도입은 외생적 발생으로 해석할 수 있을 것이다.

[그림4] 발생 메커니즘에 의한 융합연구 분류

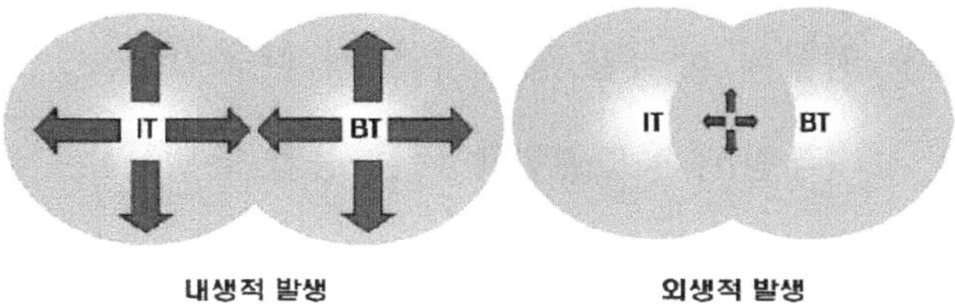

Tip

기술융합/융합기술과 산업융합/융합산업의 구분

구분	내용
기술융합 (Technology Convergence)	기술 혹은 제품의 목적성을 달성하기 위해 기술의 진화과정 중에 나타나는자연스러운 속성
융합기술 (Convergence Technology)	학제적 배경이 다른 기술이 융합되어 새로운 학문적 특성을 나타내는 독자적 기술
산업융합 (Industry Convergence)	서로 다른 산업이 새로운 제품이나 서비스를 매개로 새로운 시장 질서를 형성해 나가는 현상
융합산업 (Convergence Industry)	산업융합의 결과로 기존 산업의 시장질서와는 확연히 다른 새로운 시장질서가 형성된 산업으로 독자적 산업영역을 구축하고 있는 산업

자료 : 박기범·황정태(2007)

산업융합의 원천 관점에서의 유형분류

김관호·정재윤(2013)은 기존의 산업융합 연구가 정보기술이 중심이 되는 산업융합 방향에 연구의 초점을 둠으로써 오늘날 요구하는 다양한 산업 간의 융합을 설명하고 융합요소에 따른 성공요인을 분석하는 데에는 그 한계가 있음을 지적하며, 산업융합을 창출하는 원천을 중심으로 학문, 산업부문, 고객경험요소이라는 세 가지 측면으로 융합을 분류하고자 하였다. 이같이 산업융합의 원천의 측면에서 산업융합을 분류한 이유는 최근 국가적으로 활성화되고 있는 산업융합을 정책적으로 촉진하고 융합산업 시장을 전략적으로 육성하기 위해서는 산업융합의 발생 동인을 이해하고 학계, 기업, 정부 등 각 주체별 역할을 명확히 해석할 필요가 있기 때문이다.

[그림5] 융합원천에 따른 융합 유형분류

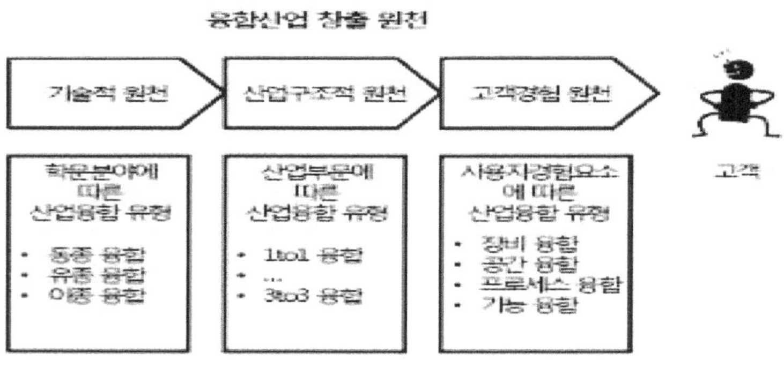

자료 : 김관호·정재윤(2013)

① 학문분야에 따른 산업융합 유형

학문분야는 산업을 형성하는 기반 기술을 사회에 공급한다는 측면에서 산업융합을 분류하는 중요한 도구로 사용될 수 있다. 둘 이상의 학문분야가 결합하여 새로운 융합기술을 탄생시키고, 이는 곧 융합산업을 창출할 수 있는 기회를 제공한다. 특히, 산업화가 진전될수록 많은 시장제품들은 기술 의존성이 심화되고 있으며, 새로운 융합기술의 등장은 대규모의 융합산업들을 창출할 수 있는 기회를 부여해준다. 생명공학 분야의 예를 살펴보면, 유전자 지도나 바이오칩과 같은 생명과학과 컴퓨터공학이나 기계공학의 융합기술들은 헬스케어와 관련된 막대한 융합산업을 창출하고 있다.

산업융합 분류에 사용할 학문분류체계로 한국연구재단의 자료를 참고하여 활용하고 있다. 그 이유는 대학과 연구소 등의 학문과 연구를 구분하는 데 가장 널리 활용되고 있기 때문이다. 한국연구재단의 분류체계에 따르면, 일부 융복합 분야를 제외하면 세 가지의 대분류 또는 여섯 가지의 중분류를 도출할 수 있다. 이러한 대분류 및 중분류를 기준으로 <표5>는 학문분야에 따라 가능한 산업융합과 예시를 나타낸다. 동일한 중분류 내의 둘 이상의 세부학문이 융합하는 경우를 동종 융합, 동일한 대분류 내의 다른 중분류의 세부 학문간의 융합을 유종 융합, 다른 대분류에 속한 세부학문간의 융합을 이종 융합이라고 구분하였다.

〈표5〉 학문분류 기준에 따른 산업융합 유형

학문분야		이공학			인문사회학		예체능학
		자연과학	생명과학	공학	인문학	사회과학	
이공학	자연과학	동종융합 (예:발효융합학)	유종융합 (예:화학 유전체학)	유종융합 (예:화학정보학)	이종융합 (예:진화심리학)	이종융합 (예: 복잡계 사회분석)	이종융합 (예 : 스포츠 과학)
	생명과학	유종융합 (예: 생화학 나노바이오)	동종융합 (예: 의약 생명공학)	유종융합 (예:바이오칩)	이종융합 (예:인지과학)	이종융합 (예:고령화 사회분석)	이종융합 (예:의료관광)
	공학	유종융합 (예:방사화학)	유종융합 (예:의공학)	동종융합 (예:메카트로닉스)	이종융합 (예:문헌정보학)	이종융합 (예:금융공학)	이종융합 (예:스포츠과학)

인문사회학	인문학	이종융합 (예:진화물리)	이종융합 (예:생명윤리)	이종융합 (예:UX디자인)	동종융합 (예:연구윤리)	유종융합 (예:글로벌미디어)	이종융합 (예:문화콘텐츠)
	사회과학	이종융합 (예:온실가스)	이종융합 (예:의료보건)	이종융합 (예:집단지성)	유종융합 (예:인문사회학)	동종융합 (예:운동재활 복지학)	이종융합 (예:스포츠 마케팅)
예체능학		이종융합 (예: 생태 환경 디자인)	이종융합 (예:스포츠 메디컬)	이종융합 (예:휴머노이드)	이종융합 (예:인문예술)	이종융합 (예:스포츠마케팅)	동종융합 (예:생활스포츠)

자료: 김관호·정재윤(2013)

② 산업부문에 따른 산업융합 유형

클라크(Colin G. Clark)는 산업을 생산하는 재화의 종류에 따라 1차 산업(원시 또는 채취산업), 2차 산업(제조업), 3차 산업(서비스 산업)으로 구분하였다. 이러한 산업부문(Industry Sectors)은 전체산업을 포괄적으로 설명하는 데 가장 널리 활용되므로, 산업부문간의 융복합에 따라서 산업융합을 분류할 수 있다. 각 산업부문들은 독특한 제품 또는 서비스의 생산 및 판매방식이 존재한다. 따라서 동일 산업부분끼리의 융합은 비교적 쉽게 이루어지지만, 타 산업부문과의 융합은 산업부문간의 공통 목표와 가치창출 가능성에 대한 전반적인 이해가 필요하다. 그러므로 산업부문에 따라 가능한 산업융합 유형을 살펴보고 특징을 이해한다면, 거시적인 관점에서의 산업융합 방향을 도출할 수 있다. <표 6>은 산업부문간의 협업에 의해 가능한 산업융합과 예시를 보여준다. 이와 같은 산업융합유형은 다음과 같은 특징을 갖는다. 먼저, 주 산업부문과 결합 산업부문간의 차이가 클수록 산업부문 간의 구분을 모호한 새로운 제품 및 서비스가 도출되고 새로운 시장을 형성하게 된다. 또한, 하위 산업부문에서 상위 산업부분과 융합할수록 하위 산업부문이 갖는 시공간적 제약이 줄어들고, 하위 산업부문의 노동요소의 중요성이 감소하게 된다. 반대의 경우에는, 감성적인 제품이 접목된 서비스를 통하여 소비자에게 기존에 비해 높은 만족도를 제공할 수 있게 된다(Suh et al., 2008).

<표6> 산업유형에 따른 산업융합 유형 분류

결합산업 / 주 산업	1차 산업	2차 산업	3차 산업
1차 산업 (농업, 수산업, 목축업 등)	1 to 1 융합 :농수산물간 융합 (예 : 논 양어)	1 to 2 융합 :농작물의 제품 융합 (예: 복분자 와인)	1 to 3 융합 :생산지의 서비스 융합 (예: 양떼목장 관광)
2차 산업 (제조업, 건설업 등)	2 to 1 융합 :제품의 원료 융합 (예: 바이오에너지)	2 to 2 융합 :제품 간 융합 (예: 스마트폰)	2 to 3 융합 :제품의 서비스 융합 (예: 교육용 로봇)
3차 산업 (금융, 숙박, 운송 등)	3 to 1 융합 :서비스의 경작물 융합 (예: 한방리조트)	3 to 2 융합 :서비스의 제품 융합 (예: 체크인 키오스크)	3 to 3 융합 :서비스 간 융합 (예: 종합검진투어)

자료: 김관호·정재윤(2013)

③ 사용자 경험요소에 따른 산업융합 유형

산업융합의 결과는 제품 또는 서비스로 사용자에게 경험을 제공하기 때문에, 하나의 신규 산업이 생성되기 위해서는 원천기술에 기반한 상품화 과정을 거쳐, 사용자 경험(User Experience)을 고려한 서비스 설계가 필요하다(Kang, 2011). 즉, 사용자는 어떤 장소에서 하나 이상의 장치를 이용하여 단계적인 과정을 통하여 융합 제품 또는 서비스를 경험한다. 그러므로 장소, 장치, 프로세스 등 어떠한 방식으로 제품 또는 서비스가 융합되어 사용자에게 경험을 제공하는지에 따라 산업융합을 분류할 수 있다(<표7>참조).

첫째, 단말기 융합은 상이한 기능을 가진 제품들이 소형화 또는 사용자 편의를 위하여 하나의 사용자 단말로 통합되는 형태로, 종종 컨버전스 기기로 불린다. 예를 들면, MP3폰, 스마트폰 등의 스마트 기기나, 헬스케어 기능이 내장된 웨어러블컴퓨터 등이 여기에 포함된다. 둘째, 공간 및 지리적 융합은 상이한 기능을 제공하는 서비스들이 사용자의 중복적 요구를 충족시키기 위하여 동일한 공간이나 지리적으로 결합하는 형태의 융합을 의미한다. 북까페, 키즈까페, KTX 씨네마, 주유소 편의점 등과 다양한 공간기반 서비스가 이 같은 융합의 결과로 볼 수 있다. 셋째, 프로세스 융합은 사용자에게 필요한 프로세스를 제공하기 위하여 여러 가지 제품이나 서비스가 순차적으로 결합하는 형태이다. 예를 들어, 여행 예약 서비스는 항공, 렌트, 호텔, 결제 등이 절차적으로 결합되며, 의료관광은 의료 예약 및 진료, 투어 및 음식업 등이 결합되기 때문에 단순한 제품의 융합이 아닌 프로세스 융합으로 볼 수 있다. 마지막으로, 기능향상 융합은 하나의 제품 또는 서비스의 기능 향상 또는 고급화를 위하여 다른 부가적인 제품 또는 서비스와 결합하는 형태의 융합이다. 음성인식을 이용한 에어컨 제어, 자동차의 자동항법장치, 예술 마케팅 등이 그 예이다.

〈표7〉 사용자 경험에 근거한 산업융합 유형

사용자 경험요소	산업융합예시
장비 융합	MP3폰, 스마트TV, 헬스케어용 웨어러블 컴퓨터 등
공간 융합	북까페, 키즈까페, 멀티방, 주유소, 편의점 등
프로세스 융합	여행 예약 서비스, 의료관광 등
기능 융합	음성인식 에어컨, 자동항법 자동차, 예술마케팅 등

자료: 김관호·정재윤(2013)

이상과 같이 제시된 학문, 산업부문, 고객경험요소이라는 세 가지 측면의 산업융합 유형은 다음과 같은 측면에서 상호 유기적인 관련을 갖는다. 먼저 학문적 관점에서 학계는 발견된 고객 요구로부터 기술개발 필요성을 인지하고 기술적, 이론적 결합을 통해 융합기술을 기업에 제공한다. 다음으로, 산업적 관점에서 기업은 고객 요구를 발굴하고 적합한 융합기술을 발굴하기 위하여 학계 및 연구기관과 협력하여 융합기술을 창출하고 상업화를 통해 소비자에게 전달하는 역할을 수행한다. 마지막으로, 사용자는 새로운 제품과 기술을 촉발시킬 수 있는 다양한 경험들을 직·간접적으로 제시하고, 산업화된 융합제품에 대한 피드백을 제공함으로써 융합산업의 지속적인 창출을 자극한다. 기업뿐만 아니라, 모든 산업융합 관련주체들이 유기적으로 역할을 수행하고, 제시된 세 가지 산업융합 유형들이 균형있게 작동할 때 산업융합 활성화 및 지속적인 선순환 과정이 실현될 것이다. 산업융합 유형의 특성들을 잘 이해하고 각 유형의 융합산업들이 난관에 부딪치지 않고 성공적인 시장 구축에 성공할 수 있도록 기업과 학계는 물론이고, 정부의 산업표준화, 규제 완화, R&BD 지원 등 정부의 스마트한 정책적 리더십이 절실히 요구되는 시점이다.

[그림6] 융합원천에 따른 산업융합 유형별 특성

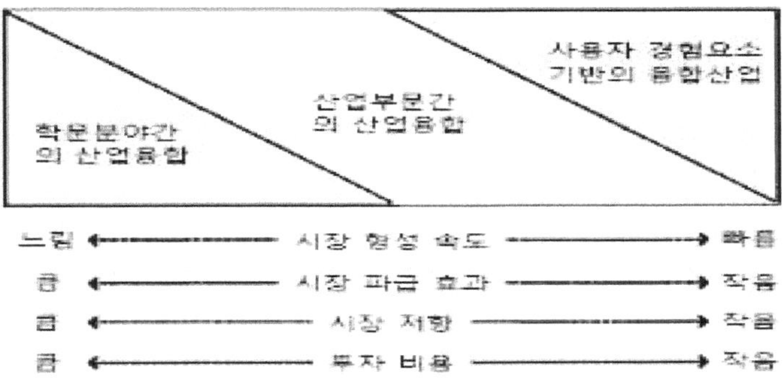

자료: 김관호·정재윤(2013)

6. 융합의 원인과 효과

산업 간 융합이 활발하게 일어나는 것은 무엇 때문일까? 첫째, 산업 간 컨버전스를 통해 기존 산업 내 제품/서비스로는 창출하기 힘든 고객 효용을 만들어낼 수 있다는 점이다. 편의성 향상을 추구하는 인간의 욕구가 끊임없이 진화하는 가운데 산업 내 혁신을 통한 효용증대는 한계에 봉착하게 되고, 대신 산업 융합영역에서 다양한 혁신의 생성과 획기적인 효용증대가 가능해지고 있기 때문이다. 예를 들어 자동차 산업의 경우 IT와의 융합을 통해 타이어 결함의 자동 감지 및 졸음운전경고 등의 안전성 제고, 위치기반서비스 등의 편의성 제고, 전기자동차를 통한 경제성 향상 등 기존 기계식 자동차로는 제공하기 힘든 고객 효용을 창출해낼 수 있게 된다. 둘째, 통신망의 광대역화, 반도체를 통한 초소형화/미세화 기술의 발전, 소자/재료 기술의 유기물 기반으로의 전환, 인공지능 기술 개발의 진전 등으로 산업 간 컨버전스를 원활히 지원할 수 있는 여건이 마련되고 있다는 점이다. 이러한 기반 기술의 발전하에 기존 산업에 IT 기술이 접목되면서 정보화와 자동화를 통해 해당 산업의 지능화를 촉진시킬 뿐만 아니라 네트워크화 및 통합화를 통해 비즈니스 모델의 변화를 가져올 수 있게 된다. 셋째, 대부분의 기존 산업이 범용화되고 산업내 생존 경쟁이 치열해지면서 기존 산업이 레드 오션(핏빛 경쟁의 장)으로 변해가고 있기 때문이다. 기존 산업 내에서 성장 한계에 봉착한 기업들이 경쟁에서 자유로운 새로운 시장공간인 블루오션을 창출하기 위해 타 산업 영역과의 융합을 적극 추진하고 있는 것이다. 융합영역의 경우 기존 기술만으로는 접근이 어려워 시장 경쟁자가 소수이므로 고부가가치 사업을 창출할 가능성이 높다. 자동차 산업을 예로 들면, 최근 도요타가 개발/출시하고 있는 하이브리드 자동차(가솔린 엔진과 전기모터를 조합한 자동차)인 프리우스가 상당한 인기를 끌고 있는데, 동급 소형자동차에 비해 높은 프리미엄을 누리고 있다. 이상의 요인을 바탕으로 산업 간 경계가 무너지면서 산업구조가 해체/재구성되는 산업간 컨버전스가 활발해지고 있으며, 융합 영역에서 새로운 시장이 창출되고 있는 것이다(조준일, 2005).

결과적으로 융합의 결과물은 인류문영을 더욱 편리하게 해주고 궁극적으로 인류가 지구상에서 더욱 나은 방식으로 살아갈 수 있도록 만들어 줄 것이다. IT와 기계기술이 융합된 구글의 무인자동차는 면허증이 없는 사람들이 다른 사람의 도움 없이 자신의 차를 이용하여 가고 싶은 곳을 갈 수 있도록 하여 결국은 자동차회사가 차를 판매할 때 이미 면허증을 부여받은 차를 매장에서 판매하게 될 것이라는 것을 예상할 수 있다. 이때의 자동차 보험은 소비자가 들어야 할까? 자동차회사에서 들어야 할까? 이와 같은 융합을 통해 새로운 현상, 기술, 개념이 소개될 때 기존 사회에서 통용되던 개념들이 더 이상 그대로 사용될 수 없는 상황이 연출될 것이다. 다시 말하면 기존과는 전혀 다른 새로운 새장이 만들어질 수 있다는 것이고 이것은 융합의 개념을 이해하고 그 변화를 미리미리 감지하고 준비하는 사람들에게 엄청남 규모의 블루오션이 될 수 있다는 것이다(김형태, 2012).

7. 문화예술산업에서의 융합(문화예술기반 융합)

우리나라 문화예술 및 과학기술과 산업화 영역 간 연계 노력

다양한 문화산업 분야에서 상상력과 창조성을 기반으로 콘텐츠와 기술 간, 기술과 기술 간의 융합을 통해 새로운 문화

현상을 창출할 뿐만 아니라 경제적 성공을 거둔 아이폰, 아바타, 닌텐도 등의 사례는 우리나라에 시사하는 바가 크다.

우리나라에서 정책적차원에서 볼 때, 문화예술을 과학기술이나 산업화영역과 연계시키려는 경향은 이미1990년대부터 나타나기 시작했다. 1994년 정부는 문화관광부 내에 문화산업국을 신설하면서 문화예술에 대한 산업적 접근을 강화하였으며, 1999년 문화산업기본법을 제정하면서 이러한 노력을 법제화하기에 이르렀다. 참여정부인 2003년에는 우리나라를 문화산업 5대 강국으로 육성하겠다는 의지 표명과 함께 2005년 7월 「문화강국(C-Korea) 2010 계획」 발표를 통해 문화기술(Culutre Technology) 정책 비전 및 개발 로드맵을 제시하였다. 1999년 게임종합지원센터(후에 게임산업진흥원으로 명칭변경) 설립, 2001년 문화콘텐츠진흥원등의 설립 등은 이러한 배경에서 나왔다. 그동안 나타난 문화산업분야의 괄목할만한 성장은 이와 같은 사회적, 정책적 관심과 노력의 직·간접적 영향의 결과이다. 그 덕분에 우리나라에서 콘텐츠산업 영역의 성장은 다른산업 영역에 비해 매우 빠르게 발전하였다. 2011년 기준 문화콘텐츠매출액은 82조원으로 2005년 대비1.4배 늘었으며, 수출액은 41.5억 달러로 2005년 대비 3.2배 증가하였다. 2008년부터는 콘텐츠 수출입수지가 흑자로 전환하여 2010년 기준 2010년 정부는 온라인 디지털콘텐츠 산업 발전법을 콘텐츠산업진흥법으로 전부 개정함으로써 그동안 좁은 틀 안에서 추진해 오던 콘텐츠관련 지원정책을 콘텐츠 산업의 보다 포괄적인 맥락에서 추진하는 체계를 확립하였다. 이후 융합과 관련하여 문화예술영역과의 융합이 관심사로 떠올랐으며, 이러한 관심은 과학, 기술, 산업, 의학 등 광범위한 영역에서 나타났다. 문화예술을 기반으로 한 기술과 이것의 인문학적 기반에 대한 강조(임학순2010; 한동숭2012), 의학과예술의 역사에 대한 고찰을 통해 두 영역 간 융합가능성을 모색하는 연구(허정아 2010), 융합디자인(Convergence Design) 개념을 통해 예술과 산업기술의 융합 필요성을 강조하는 연구(남미경 2012), 과학적 창의성과 예술적 창의성의 차이점과 유사점에 대한 비교를 통해 두 영역 간 융합을 강조하는 연구(임경순2011) 등은 기존에 독립적인 영역을 구축하여 왔던 영역들이 타영역, 특히 문화예술영역과의 연계에 관심을 돌리고 있음을 보여주는 주요 연구들이다(김세훈, 2013).

문화예술기반융합에 대한 해외에서의 동향

1990년대 미국과학재단에서 과학(Science), 기술(Technology), 공학(Engineering), 수학(Mathematics)을 통틀어 일컫는 말로 STEM이라는 용어를 사용한 이후, STEM은 과학기술분야에서의 교과 간의 '통합적 접근 교육'의 의미로 통용되고 있다. 미국의 ETC는 카네기 멜론대학교 예술대학(College of Fine Arts)과 컴퓨터공학부(School of Computer Science)가 1998년 공동 설립한 교육기관으로 순수예술에 IT기술을 접목시켜 높은 엔터테인먼트분야(영상, 게임, 리조트 및 테마파트 등)의 첨단 기술을 연구하고 인력을 양성하고 있다(임학순 2012). 이외에도 영국 킹스 컬리지(King's College)의 Culturaland Creative Industries프로그램, 미국CalArts의 IntegratedMedia프로그램, 미국 MIT의 Media Lab이나 스탠포드 대학교의 MediaX,D-School 등은 대학 교육과정 안에서 문화예술과 미디어, 경영, 기술, 행정, 공학 등 다양한 영역을 연계하고자 시도하고 있다. 이러한 노력들은 한편으로는 자기 분야에 타 분야의 기술을 접목하거나 사고방식(way of thinking)을 접목하려는 시도나 다른 한편으로는 두 분야의 기술을 연계하여 새로운 분야를 창출하려고

하는 욕구를 반영하는 것이라고 할 수 있다 (이용관2013; 김세훈, 2013).

8. 문화예술과 콘텐츠산업 간의 융합

융합과 관련된 정책적 관심은 창조경제, 창조산업에 대한 논의와 긴밀히 연관되어 나타난다. 실제로 창조경제, 창조산업의 부상은 콘텐츠산업과 문화예술영역의 융합필요성을 강조하는 배경으로 작용하였다. 외국의 창조산업을 '기존의 문화산업을 보다 광의적으로 대체하면서 신기술의 성장과 사회적 변화에서 비롯된 새로운 조류를 통합할 뿐 아니라 예술적 상상력과 개인의 창의성을 창조경제의 핵심에 두는 정책적 관점과 시스템'으로 규정하면서, 이러한 창조산업의 틀 속에서 예술과 콘텐츠산업의 융합이 더욱 강조된다는 인식은 창조산업, 창조경제의 부상이 두 영역 간 융합의 필요성에 대해 직·간접적인 배경을 형성하고 있음을 보여준다(이윤경, 2009). 콘텐츠산업은 창의성과 상상력을 기반으로 하고 있으며, 이는 창의성과 상상력이 경쟁력의 핵심이 되는 창조경제의 특성에 가장 잘 부합한다는 인식 또한 콘텐츠산업과 예술분야의 융합을 강조하는 중요한 근거로 제시되었다(이기현, 2010). 창조산업을 배경으로 하는 이와 같은 융합에 대한 인식은 학문적 담론 차원을 넘어 현실 제도차원으로 빠르게 구체화되고 있다. 문화예술과 기술분야의 융합을 위해 2005년 문화체육관광부와 KAIST의 지원으로 문화기술대학원(Culture Technology)이 설립되었다. CT대학원은 설립초기부터 문화예술 및 인문사회학적 지식과 소양, 경영능력, 과학기술 지식을 겸비한 융합인재 양성을 목표로 하였다. 과학영역의 경우 교육과학기술부산하 한국과학문화재단은 2008년 그 명칭을 '한국과학창의재단'

으로 변경하고 과학과 인문학의 연계를 위한 활동을 강화하고 있다. 한국과학창의재단의 사업은 주로 과학문화확산, 과학영재교육, 창의인성교육, 수학과학교육내실화, 융합인재양성 분야를 중심으로 하고 있으며, 이가운데 '융합(STEAM)인재양성사업'은 문화예술분야와 높은 관련성을 보여준다. 이사업의 하위프로그램인 '융합형 과학기술협력연구지원'사업은 과학기술 및 공학, 예술분야 간 협동연구융합형 연구과제를 지원하는 것으로써 과학기술, 공학, 예술분야 전문가와 학교현장의 경험이 풍부한 교사로 연구팀을 구성토록 하고 있다. 마찬가지로'융합형 과학기술역량강화프로그램개발'사업은 STEAM교육, 과학기술, 공학, 예술등 관련분야 전문가로 구성된 연구팀에 대한 지원으로 과학기술과 타 영역 간 융합인재양성을 목표하고 있다. 문화예술과 기술분야의 융합을 위해서는 기술분야에서는 '기술인문융합 창작소'의 역할이 강조되고 있다. 정부는 기존의 기술중심 접근으로는 획기적인 생산성 증가가 어렵다는 판단아래 연구개발(R&D)부문에 대한 집중적인 투자를 강조하였다. 이러한 맥락에서 기술과 인문학의 통섭을 통해 새로운 개념의 가치 창출에 기반한 기술발전을 이루기 위해 인문학과의 통섭을 목표로 하는 '기술인문융합창작소'를 2012년 개소하였다. 한국산업기술진흥원 내에 설립된 이 창작소는 문화예술분야를 포함하여 기술과 융합을 이룰 수 있는 타영역 종사자 및 전문인력간상호교류 및 연계프로그램운영을 목표로 하고 있다. 이처럼 문화예술분야와 과학기술 영역 간 융합움직임은 매우 구체화되어 전개되고 있다(김세훈, 2013).

한국과학창의재단이나 기술인문융합 창작소의 활동들이 문화예술분야를 포함하는, 넓은 의미에서의 인문학과의 연계를 위한 사업을 보여주고 있다면, 최근에 제정된 일련의 법률들은 그러한 활동들에 대한 법적, 제도적 기반을 제공하고 있다. 2011년 5월 제정된 '지식재산기본법'은 제2조 기본이념에서 "저작자, 발명가, 과학기술자 및 예술가 등 지식재산창출자가 창의적이고 안정적으로 활동할 수 있도록 함으로써 우수한 지식재산의 창출을 촉진한다"고 규정함으로써 예술가들의 활동이 지식재산으로 보호되고 관리되어야함을 지적하고 있다. 또한 제8조(국가지식기본계획수립)에서는"산업계, 학계, 연구계, 문화예술계 등의 지식재산창출역량 강화방안"이 의무적으로 포함되게 함으로써 과거와 달리 문화예술분야가'문화예술분야'안에서만 다루어지는 것이 아니라 넓은 의미의 산업, 연구, 학문영역 등으로 확산되어 다루어지고 있음을 보여준다. 2011년 4월 제정된 '산업융합촉진법' 또한 문화예술과 산업간 융합을 크게 강조하고 있다. 법률 내에서 문화예술분야를 직접 언급하고 있지는 않지만 앞서 살펴본 기술인문융합창작소 사례에서 볼 수 있는 바와 같이, 산업간 융합에 있어서 기술과 인문의 융합에 대한 강조가 산업융합촉진법의 기저에 자리하고 있다. 이러한 사실은 제8조(산업융합발전위원회)에 잘 나타난다. 산업융합의 촉진 등 산업융합 관련 정책을 심의·조정하기 위하여 국무총리 소속으로 설치된 '산업융합발전위원회'에는 당연직 위원으로 문화체육관광부 장관을 둠으로써 산업간 융합문제가 문화예술분야와도 직접적으로 연계되어 있음을 보여준다. 이처럼 문화예술과 과학, 기술, 산업간 연계를 위한 법적 지원은 최근 들어 그 기반을 더욱 공고히 하고 있다. 제도적 차원에서 나타나는 이와 같은 다양한 경향들은 우리사회에서 융복합과 관련한 논의가 더 이상 담론의 차원에 머무르지 않고 다양한 실천의 영역, 특히 정책적차원에서 다양한 제도화의 노력들이 전개 되고 있음을 보여준다(김세훈, 2013).

콘텐츠산업종사자 100명을 대상으로 조사한 연구결과, 예술가들이 저작권 문제나 콘텐츠산업의 불안정성, 예술의 순수성 저해 등으로 인해 콘텐츠산업과의 연계활동에 우려를 표하고 있는 것과 달리, 콘텐츠산업 종사자들은 문화예술분야와의 융합이 향후 매우 중요할 것으로 지적하였다. 콘텐츠산업종사자들은 향후10년 간 콘텐츠산업과 융합이 가장 활발하게 진행될 것으로 기대되는 분야로 문화예술(42%) 분야를 지적하였으며, 그 다음으로 교육(29%)과 관광(17%), 스포츠(8%), 의료(1%) 영역을 꼽았다(이용관, 2012). 그럼에도 불구하고 콘텐츠산업에서 문화적 요소의 소외여부에 대한 질문에서는 매우 그렇다(15%), 그렇다(31%)로 응답자의 46%가 부정적으로 평가하였다. 반면에 그렇지 않다(9%), 전혀 그렇지 않다(2%)로 전체의 약10% 조금 넘는 정도가 긍정적으로 평가하였다(이용관2012). 콘텐츠 산업과 문화예술을 연계시켜 주는 것은 소재, 주제, 창작물 등 다양한 매개고리가 있으나 그 핵심으로 창의성을 가장 중요한 요인으로 생각하고 있음도 나타났다. 이들은 향후 콘텐츠생산에 있어 가장 중요한 요인을 창의인력(50%)이라고 지적하였으며 창작자원(18%)이나 자본력(11%) 등에는 낮은 우선순위를 부여하였다. 그러나 이처럼 창의성, 창의인력 및 이러한 자원의 원천으로서의 문화예술영역과의 연계를 강하게 희망하고 있지만, 한편으로 콘텐츠산업에 있어 산업적 요소가 강화되면서 문화적 요소가 미흡하게 다루어지고 있는 현실에 대해서도 우려를 표현하였다(이용관2012). 이러한 조사 결과는 문화예술과 콘텐츠 산업이 상호 연계될 필요성이 있으나 그에 못지않게 이를 추진하기 위해서는 넘어야 할 과제도 적지 않음을 보여준다. 이러한 과제는 크게 문화예술과 콘텐츠산업전문가들의 네트워크 및 인력 리소스 관리 DB 구축 등 지식기반 조성의 과제, 실무자들을 대상으로 한 저작권관련홍보와 교육, 저작물권리정보DB구축, 저작물관련조

정기관설립등정책기반조성의과제, 융합인재육성을 위한교육제도개선 등 교육제도개선의 과제, 투융자제도보완, 저작권 에이전트육성 등 산업구조개선의 과제 등으로 요약되기도 한다(이윤경2009).

제2장 경영과 예술의 융합

경영과 예술의 융합현상을 알아보기 위해 경영과 예술의 개념을 먼저 이해하고, 예술과 경영의 연구현황 및 발전과정에 대한 그동안의 연구를 살펴 본 후, 학문으로서의 경영학과 예술이 어떻게 융합되어 전개되고 있는지를 살펴보도록 하자.

1. 경영과 경영학의 개념

경영이란?

경영은 일반적으로 "목표달성을 위해 조직의 가능한 기술적, 재정적, 인적 수단을 적절히 배합하여 모든 활동을 계획(planning), 조직(organizing), 지휘(leading), 통제(control) 해나가는 것으로 이해된다. 여기서 핵심개념은 계획, 조직, 지휘, 통제로 계획은 목표를 설정하고 목표를 달성하는 방법을 결정하는 과정을 말하며, 조직은 계획을 달성하기 위해 부서화를 실시하고, 권한관계를 설정하며, 나아가 부서와 권한에 적합한 인력을 적절하게 배치하는 일을 포함한다. 그리고 지휘는 사람들로 하여금 어떻게 일을 더 열심히 하게 할 것인가와 사람들로 하여금 어떻게 보다 나은 성과를 만들어내도록 할 것인가와 관련되어 있으며, 마지막 통제는 수립한 계획이 얼마나 잘 달성되고 있는지를 발견해내고 이를 수정하는 과정을 말한다.

조직의 성과는 이 경영을 어떻게 하느냐에 따라 결정되어진다. 즉, 좋은 목표를 설정하고 이 목표를 달성하기 위한 방법(규칙, 절차, 방침, 전략 등)을 잘 결정한 후, 보다 높은 성과를 창출하기 위한 조직으로 부서화하고 권한관계를 설정한 후, 적절한 인력을 배치하며, 이 조직에 속한 사람들이 일에 집중하여 조직에서 원하는 방향대로 열심히 일할 수 있도록 하고 이러한 일련의 과정들이 제대로 잘 되고 있는지를 명확하게 분석한 후 잘 못된 부분을 시정하는 과정을 잘 거치게 되면 조직의 성과가 높아질 수 있다는 것을 가정한다.

경영학이란?

경영과 경영학의 차이는 무엇일까? 경영학은 넓게는 일반조직(기업, 군, 교회, 관청, 노조, 학교 등)의 경영현상에 대한 법칙이나 원리를 발견하여 현장에 적용시키기 위한 이론적 체계를 만들어가는 학문을 말한다. 하지만 좁은 의미 또는 원래의 본질적 의미로 보면 경영학은 일반조직이 아니라 기업조직을 대상으로 경영현상을 다루는 학문분야라고 할 수 있다. 즉 여러 조직 중에서 '기업조직'의 경영현상을 다루는 학문분야인 것이다.

좁은 의미로 볼 때의 경영학에서는 기업의 특성을 반영하고 있다. 반영되어야 하는 기업의 특성으로는 생산관리, 마케팅관리, 재무관리, 인사관리가 이에 해당한다. 기업이 정상적인 활동을 하기 위해서는 우선 기업 활동에 필요한 자금을 확보하는 일일 것이다. 기업활동에 필요한 자금을 시장에서 확보할 것인가, 아니면 금융기관을 통해 조달 할 것인가, 그리고 그 조달비용은 어떻게 할 때 최소화 할 수 있을 것인가의 문제를 효과적으로 해결할 필요가 있다. 이러한 분야와 관련한 경영활동을 가리켜 재무관리라 한다. 다음으로 해야 할 기업의 중요한 활동은 제품을 생산해 내는 일일 것이다. 그러기 위해서는 생산을 위한 설비를 갖추어야 하며, 어떤 제품을, 어디에서, 어떤 공정을 거쳐 생산할 것인가가 결정되어야 할 것이다. 이러한 제품생산을 위한 일련의 활동을 가리켜 우리는 생산관리라 한다. 그리고 이러한 생산활동은 기업의 판매활동으로 이어져야만 기업의 계속적 성장이 가능하다. 아무리 좋은 제품을 많이 효율적으로 생산한다 한들 그것이 판매가 되지 않는다면 아무소용이 없을 것이다. 보다 많은 제품을 경쟁사보다 많이 판매하는 노력이 필요할 것이다. 그러기 위해서는 제품에 대한 홍보, 새로운 시장의 개척을 위한 노력, 소비자가 원하는 제품의 개발 등의 활동이 필요하며 이러한 활동을 가리켜 마케팅관리라 한다. 이러한 재무, 생산, 마케팅관리는 결국 사람을 통해 이루어진다고 할 수 있다. 어떠한 사람을 채용할 것이며, 채용된 사람을 어떻게 기업에서 필요로 하는 인재로서 육성하고 이들을 만족시켜 기업의 발전을 위해 일할 수 있도록 할 것인가가 중요하다. 이러한 사람에 대한 관리활동을 가리켜 인사관리라 한다.

결과적으로 경영학은 계획, 조직, 지휘, 통제를 핵심개념으로 하는 경영의 개념과 기업의 특성으로서 재무관리, 생산관리, 마케팅관리, 인사관리를 모두 포함하는 개념으로 이해할 수 있다. 경영학에서는 전자를 과정론, 후자를 기능론으로 부르며, 이들의 결합으로 경영학을 설명하는 경향이 크다. 물론, 경영학의 과정론과 기능론에 대한 분류는 엄격히 말해 편의적 측면이 강하다. 실제로 이 둘은 서로 분리될 수 있는 성질의 것은 아니며 실제로 모든 측면에 다 존재하는 보완적 측면이 강하다고 할 수 있다. 즉 과정론의 계획, 조직, 지휘, 통제에는 각각에 기능론의 재무관리, 생산관리, 마케팅관리, 인사관리를 모두 포함하고 있으며, 마찬가지로 기능론 또한 각각에 과정론을 포함하고 있다고 할 수 있다. 다시 말해 계획은 재무관리, 생산관리, 마케팅관리, 인사관리에 모두 필요한 것이며, 동시에 기업의 일련의 활동이 적절히 이루어지기 위해서는 계획, 조직, 지휘, 통제활동이 잘 이루어져야 한다는 것이다. 이를 그림으로 표현하면 [그림7]과 같다.

[그림7] 경영학의 2차원적 접근방법

<table>
<tr><td colspan="2"></td><td colspan="4">경영과정</td></tr>
<tr><td colspan="2"></td><td>계획</td><td>조직</td><td>지휘</td><td>통제</td></tr>
<tr><td rowspan="4">경영기능</td><td>재무</td><td></td><td></td><td></td><td></td></tr>
<tr><td>생산</td><td></td><td></td><td></td><td></td></tr>
<tr><td>마케팅</td><td></td><td></td><td></td><td></td></tr>
<tr><td>인사</td><td></td><td></td><td></td><td></td></tr>
</table>

⇒

목표달성
(조직유효성)
기업의 성과
종업원의 만족

경영의 선택원리

경영학의 주 대상을 기업으로 했을 때, 기업은 다른 일반조직에 비해 어떤 차이점이 있을까? 가장 큰 특징은 앞서 언급한 재무, 생산, 마케팅, 인사관리의 기능적 활동일 것이다. 이러한 활동들에 덧붙여 또 하나의 구별되는 특징으로는 기능론적 활동이 보다 높은 성과를 얻도록 하는 경영의 선택원리가 기업조직에서 지속적으로 추구되어 왔다는 것이다. 경영학에서 추구되어 온 경영의 선택원리는 유효성(effectiveness)과 효율성(efficiency)으로 기업은 자신의 성과달성을 위해 부단히 유효성과 효율성을 추구해왔다. 그리고 이를 기업의 목적달성을 위한 선택원리 또는 목적달성을 위한 행동원리 부른다.

먼저 유효성이란 경영목표가 달성된 결과를 양, 질, 시간, 비용 등의 관점에서 파악하는 것으로 주로 인간에 대한 작업의 효과, 목표의 적절성, 목표와 작업에 내재된 가치 등에 관계가 있기 때문에 전체시스템의 결과측정에 초점을 둔다(기업의 전체적 측면 강조). 반면, 효율성이란 최소의 투입으로 최대의 산출을 본질 개념으로 하여 “더 많이”, “더 좋게”, “더 빨리”, 그리고 “더 싸게” 등이 이에 해당한다. 이 유효성과 능률성은 유사성이 있지만 유효성이 능력을 보다 포괄하는 상위개념이라 할 수 있다. 이는 때로 능률적인 것이 유효성이 될 수 있기 때문이다.

유효성과 효율성의 선택원리가 중요한 이유는 기업이 이를 통해 다른 조직에 비해 보다 높은 성과를 이룰 수 있었기 때문이다. 그리고 이것이 기업조직의 경영방식이 다른 조직에서 채용되는 이유이다. 예술조직에서 경영기법을 채용하는 것처럼.

2. 예술의 개념

김정수(2006)는 예술을 “미적 가치를 추구하는 활동 및 그 결과”라고 정의하고 있으며, 우리나라 문화예술진흥법 제2조에서는 “문화예술이란 문학, 미술(응용미술을 포함한다), 음악, 무용, 연극, 영화, 연예, 국악, 사진, 건축, 어문 및 출판을 말한다” 라고 비교적 상세하게 다양한 유형으로 제시하고 있다. 그러면 이러한 정의들이 예술의 개념을 제대로 표현하고 있는 것일까?

사실, 예술에 대한 정의를 정립하고자 하는 시도는 인류의 역사가 시작된 이후 지속적으로 있어 왔음에도 불구하고, 지금까지도 그에 대한 논쟁이 멈추지 않고 지속되고 있다. 그리고 아직까지도 이에 대한 어떠한 합의조차 이루어내지 못했을 정도로 ‘예술’의 본질에 대한 체계적 연구가 매우 부족한 상황이다. 그동안 지속적으로 새로운 관점에서의 다양한 예술적 시도가 인류에 의해 이루어졌으며, 이에 따라 예술에서 느끼는 심미감에 대한 시대적 관점이 변화하고, 이 과정에서 예술이라는 용어의 범위가 확장되고, 또 그 종류도 다양화되면서 예술에 대한 정의도 계속해서 변화해 왔다. 이와 같은 관점에서 보면, 예술은 시대와 장소에 따라 그 의미가 달라질 수 있는 열린 개념이라고 생각할 수 있다(최정인, 2013).

예술은 다양한 시각에서 살펴볼 수 있다. 먼저 유희론적 관점으로 이 관점에서는 예술을 가장 포괄적인 시각에서 정의하고 있다. Huizinga(1955)는 인간이 향유하는 모든 문화와 문명은 놀이에 기반하고 있으며, 예술 또한 놀이에서 탄생했다고 주장하였다. Smith(1970)는 예술의 창조와 관람에 있어 인간은 완전한 자유를 가지며, 철저히 인간으로서 누릴 수 있는 일종의 유희라고 말하고 있다. 또 임범재(1987)는 예술 유희론에 근거하여 예술경험은 즐겁고도 진지한 놀이이며, 창작행위는 본질적으로 제작적인 특성을 가진 인간의 제작행위임을 말하고 있다.

유희론적 관점과 달리, 예술의 표현적 특성에 따라 예술을 보는 시각도 있다. Langer(1967)의 연구에 따르면, 예술은 인간의 감정을 상징하는 형식의 창조라고 정의하면서 예술에서의 표현적 특성을 강조하였다. Langer와 같은 표현양식을 강조하는 예술학자들이 등장하면서 예술에서의 인지적 영역에 관한 관심도 증가하게 되었다. 즉, 이들은 예술이 감정의 내용을 본 주제로 삼고 있지만 결과적으로 이의 창조, 지각, 구성과정에서 예술의 인지적 영역의 작용이 반드시 필요하다는 것이다. 예술은 상징을 이용하고 있기 때문에 실질적으로 상징이나 표현 형식 등에 대한 인지적인 지각이 없이는 의미 있는 내용의 표현이 어려우며, 또 그에 대한 분명한 이해 자체가 거의 불가능하기 때문이다. 따라서 이러한 관점에서 보면, 예술은 단순한 감정 활동과 유희의 형식으로 볼 수 없고, 오히려 세상을 지각하고 인식하는 본질적인 수단이 된다는 것이다(Winner, 이모영·이재준 역, 2004).

예술에 대한 시각은 표현주의 예술관에서 한 걸음 더 나아가 절대 표현주의의 관점으로 변화하게 된다. 대표적으로 Reimer(1989)는 예술을 '인간이 실체(entity)를 주관적으로 이해하고 탐구하는 수단'이라고 규정하고, 예술의 미적인 질이 포함된 표현형식인 예술적 상징과 이를 바라보는 인간의 감성적 통찰을 강조하였다.

예술에 대한 절대표현주의적인 시각은 또 다시 실천주의적 시각의 등장으로 이어진다. 이의 대표적 학자인 Elliott(1995)는 미적인 질을 강조하고 있는 절대표현주의를 비판하며, '객체'의 관점을 벗어나서 예술작품보다 예술행위와 그 예술 행위가 이루어지는 다중적인 환경이나 맥락이 중요하다고 주장하였다. 또 그는 예술에는 특별히 높은 수준의 예술이 존재하는 것은 아니며, 예술은 단지 그 예술을 행하는 행위 속에 존재하고 있고, 이 행위의 과정에서 예술성이 발달한다고 보았다(최정인, 2013).

예술은 시대와 정의에 따라 시각이 달라지는 열린 개념이기 때문에 모든 상황을 포함하는 명료한 정의를 내리기는 쉽지 않다. 하지만 전체적으로 종합해 보면, 대체적으로 몇 가지의 공통된 유사성과 속성을 발견할 수 있다. 이를 최정인(2013)의 연구를 통해 살펴보면 다음과 같다. 첫째, 예술은 반드시 인간이 살아가는 삶과 관계를 맺고 있다는 것이다. 대체로 삶의 현실이 예술의 소재로 사용되며, 현실을 재현하거나 재생산하는 예술은 다시 우리 인간으로 하여금 어느 한 순간 존재했던 인간의 삶을 기억하게 해준다. 그렇다고 해서 예술이 현실인 것은 아니며, 따라서 예술은 인간의 정서 속에 실제로 존재하는 '제3의 현실'로 볼 수 있다. 둘째, 예술은 인간이 의

도를 가지고 이루어진 어떤 활동을 통해 생성된 '아름다운 것'을 의미한다. 여기서의 '아름다움'은 일반적으로 생각하는 단순한 '미(美)', 즉, 인간의 감각에 즐거움을 선사해주는 것만을 의미하는 것이 아니다. 여기서의 아름다움이란 우리 인간이 예술을 통해 삶의 진실을 얻어 낼 수 있다면 그것이 바로 진정한 아름다움이라고 보는 시각이다. 따라서 그 진실이 비록 우리를 유쾌하지 않거나 슬프게 하는 것일지라도 예술은 이를 승화시켜 아름다운 것으로 표현해 낸다(이주영, 2007). 셋째, 예술은 어떤 형식(form)을 가진다. 형식은 예술의 내용을 감각적으로 드러나게끔 하는 모든 현상 방식을 의미한다. 실제로 내용은 소재일 뿐으로 그 자체로 존재하여 타인들과 공유되기는 어렵다. 따라서 예술이 타인에게 분명하게 전달되고 감동을 선사하기 위해서는 어떤 예술적 형식을 통해 잘 구성되어질 필요가 있다. 마지막 네 번째로, 예술은 인간의 정서에 호소하며 우리 인간은 예술 안에서 특별한 감동인 정화(catharsis)를 경험한다. 일반적으로 우리인간은 자신의 상황이나 감정, 그리고 생각에 기반하여 예술을 이해하게 되는데, 이러한 차이가 작품에 대한 다양한 해석을 가능하게 하며, 사람에 따라 예술을 통해 삶에 대한 시선을 변화시킬 수 있을 만큼의 강한 미적체험도 경험할 수 있게 된다.

이러한 예술적 특성을 종합하면 대체로 삶, 형식, 아름다움, 새로움, 신기함, 감성, 정화 등으로 정리해볼 수 있다(한은수, 2018).

3. 예술과 경영의 융합연구가 왜 어려운가?

정치적 개념미술의 세계적인 작가로 알려진 한스 하케(Hans Haacke)는 하버드 경영대학의 관련 학습에 대해 "경영대학에서 훈련 받은 뛰어난 학생들이 예술을 생산품으로 팔 수 있어야 하며, 상품처럼 마케팅을 해야 한다고 서슴없이 말한다"면서 예술작품에 대해 어떠한 정서적 접근이나 이해를 하려고 하지 않는 모습을 비판적으로 묘사한 바 있다. 이는 실제로 경영학에서 사용하는 여러 상업적 언어들이 예술단체 경영의 담론과 실천에서 자연스럽게 받아들여지는 과정에 대한 일차적인 거부반응으로 이해할 수 있을 것이다. 그러나 하케가 더 치명적인 문제로 지적한 것은 "예술경영 코스가 예술계(art world)의 특수성을 전혀 알지 못하는 교수들에 의해 진행된다"는 점이었다(Chong, 2002). 그리고 바로 이 점은 예술계의 원리와 속성을 배제한 상태에서의 경영학적 접근이라면 예술경영의 목표를 이루기 어렵다는 사실로 직결되는 것이다. 이와 관련한 유명한 사건이 바로 1971년 한스 하케와 솔로몬 구겐하임 미술관 사이에 벌어졌던 논쟁이다. 이 내용은 하나의 예술경영 사례로서 1975년에 하버드대학 팀이 출간한 예술경영 사례 (Case in Arts Administration)에 수록된 것인데, 논쟁의 핵심은 '주요 미술관 관장이 논쟁적인 예술가의 전시를 허용할 것인지, 취소할 것인지를 고심하게 되는' 경우였다. 그러나 이 경우는 단순히 미술관장에게 있어 전시회에 대한 의사결정 과정을 보여준 사례로만 간주될 수 있는 것이 아니었다. 다시 말하면 이 문제는 예술의 자율성 이념과 관련된 것이고, 그래서 예술 표현에서의 성향과 독창성을 어떤 관점에서 받아들이느냐의 쟁점을 갖는 것이어서 그렇다. 게다가 예술경영인들은 미술관을 중성적이고 비사회적이며 탈정치적인 제도라고 믿고 있어, 제도와 예술과의 관계에 대한 반성이 충분히 고려되지 않은 상태이다. 결국 예술경영이 예술제도와의 관계에서 얼마나 예술의 질적 성장과 자율성의 토대를 포용할 수 있느냐의 문제가 남게 된다고 하겠다(박신의, 2009).

4. 경영과 예술 융합과 역사적 발전과정

예술과 경영의 융합에 대한 다양한 의견들

예술과 경영에 대한 미래 전망에 대해 사람들은 어떻게 생각하고 있을까? 예술과 경영의 관계를 살펴보면, 전통적인 기업의 예술을 통한 사회적 투자나 환원 개념에서 마케팅 목적의 간접적인 활동을 거쳐 오늘날 예술적 지식과 감각을 경영 문제를 해결하는 데에 이용하기까지 이르렀다. 향후에는 예술과 경영이 통합적 관계로 발전할 가능성이 높은 것으로 전망된다. 특히, 최근 10여 년 동안은 기업 내에 예술과정, 예술조직, 예술작품 등을 도입하여 예술을 통해 직접 배우고, 느끼고, 표현하는 직접적인 활동이 증가하여 왔고, 적용되는 분야도 다양해지고 있다. 최근의 예술기반 경영활동은 리더십 개발, 창의성 발휘, 커뮤니케이션 및 프레젠테이션 기술향상, 기업의 가치 및 비전 표현과 전달, 정보전달 등의 다각적이고 보다 적극적으로 예술을 활용하고 있다(장대철, 2012).

예술과 경영의 관계 변화

Lois Bartelme(2005)는 경영과 예술의 관계에 대해 3가지 관점을 제시하고 있다.

첫째는 전통적인 예술과 경영의 관계로서 사회적 투자 또는 후원적 관계이다. 기업이 사회적 투자 또는 후원의 형태로 예술단체나 예술가를 지원하는 것이다. 이러한 관계는 기업과 예술가 모두에게 이로움을 준다. 또한 기업의 조직구성원들과 지역사회에 혜택을 줄 수 있다.

둘째는 오늘날의 예술과 경영의 관계로서 예술적 지식과 감각을 경영 문제를 해결하는데 이용하는 관계이다. 경영의 문제를 해결하기 위한 창조적인 프로세스를 만드는데 예술적 지식과 직관을 이용하는 것이다. 최근 들어 경영 문제를 해결하는데 예술분야의 기술들을 점점 더 많이 사용하고 있다.

세 번째는 향후 예술과 경영의 관계로서 예술과 경영이 통합적 관계로 발전하게 될 가능성이다. 예술과 경영의 통합적 관계에 대해서는 추가적인 논의가 더 필요하다. 예술에 경영이 포함이 될지 아니면 경영에 예술이 포함될지, 또는 제3의 모습으로 나타날지는 주장하는 입장에 따라 다를 수 있기 때문이다. 하지만 분명한 것은 예술에서 기업경영기법을 도입하여 세련화시키고 있고, 기업에서 예술적 방법을 활용하고 있으며 그 방법들이 상호 도움이 되고 점점 그 영역의 구분이 어렵게 변화되어 가고 있다는 점이다. 예를 들어 엔터테인먼트산업을 보자. 이는 예술인가 경영인가? 고전적, 현대적, 대중적 등의 분야별 차이가 존재하지만 결국 예술이면서 기업경영이기도 한 것은 분명하다. 경계가 불분명하다. 따라서 이 또한 예술과 경영의 통합일 수 있는 것이다. 또 예술적 지향성의 경우 기업에서의 예술의 지향을 강화할 경우 기업의 혁신이 증가하고 나아가 기업의 경쟁력이 강화된다는 것이다. 기업에 예술을 덧입힘으로써 예술과 경영이 통합되는 형태이다. 예술이 기업경영의 전반에 영향을 미치고 있는 것이다.

[그림8] 예술과 경영의 관계 변화

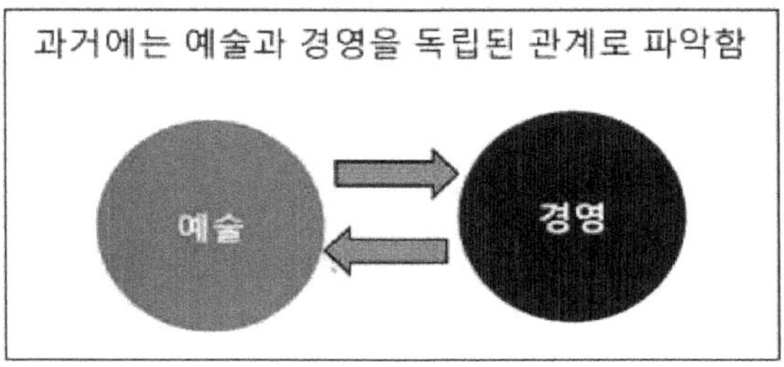

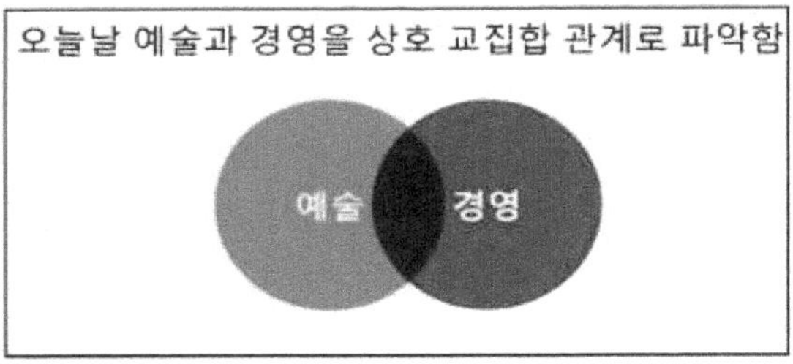

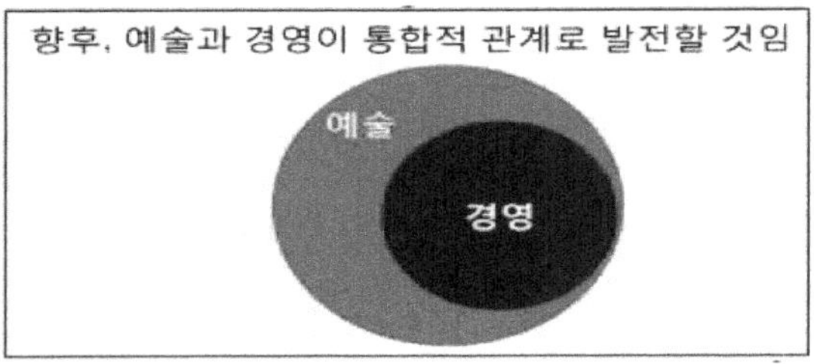

자료 : 장대철(2012)

예술과 기업 간의 새로운 협력의 시도

예술과 기업 간의 새로운 협력의 시도는 70년대에 미국의 통신사 기술연구소 Bell Labs에서 새로운 기술 개발 엔지니어-연구자들과 예술가들의 열린 협업을 통해 새로운 개발을 직간접적으로 모색한 예술가 레지던시 프로그램 E.A.T.(Experiments in Arts and Technology)에서 찾을 수 있다. 이후 IT혁명을 거치면서 시장의 복잡성과 속도전은 조직 내 직원들에게 부여되는 권한을 키웠고, 개인의 창조적 역량의 중요성이 커진 90년대 후반 기업들은 혁신적 문화 개발에 대한 요구가 커지면서 예술에서 그 답을 모색하는 기업들이 등장했다. 제록스사 팔로알토 리서치센터(PARC)의 아티스트 레지던시 프로그램 (PAIR, 1966-2002)(Harris, 1999)과 조직 문화를 전환적으로 구성하기 위해 예술과 창조산업 분야와 협업한 유니레버의 카탈리스트(Catalyst, 2000-2007) (Seifter, Buswick,

Boyle, & Ottensmeyer, 2005)가 대표적인 사례이다(서지혜, 2017).

Tip

E.A.T. (Experiments in Art and Technology)

예술과 기술의 융합을 주도한 단체로도 알려져 있다. 이 단체는 1966년 9월 22일 뉴욕에서 로버트 라우센버그(Rauschenberg)와 휘트먼(Whitman)이 예술가를 대표하고, 벨연구소(Bell Lab)의 빌리 클뤼버(Kluver)와 프레드 발트하우어(Waldhauer)가 공학자를 대표하여 조직된 비영리 조직이다.

초기 이 단체가 예술가와 공학자 사이의 협업방식은 매우 단순했다. 먼저 예술가가 작품에 필요한 기술을 E.A.T.에 문의하면 E.A.T.는 그 문제에 적합한 공학자를 찾아 예술가와 일대일 형식으로 연결을 해주었다. 그러나 점차 예술가들이 원하는 기술적요구가 급증하면서 E.A.T.는 공학자에 대한 연결 이외에도 기술자체를 소개해 주는 역할도 병행하였다. E.A.T.는 기존 협업과정에서 축적된 경험들을 기반으로 다양한 상황에서 활용될 수 있는 기술들을 모아 범용적 장비로 구축하고, 도움이 필요한 예술가들에게 이러한 장비를 사용하도록 조언하거나 제공하는 일을 하였다.

- Prade, E. La(2002), 장정·엄명용(2019) -

이와 병행하여 예술과 기업 간 협력에 대한 연구와 연구자 네트워크도 형성되기 시작했다. <조직 미학(Organizational Aesthetics> 학술지의 모체인 '경영과 조직의 예술 컨퍼런스'가 2002년도에 시작되었고, 이어 AACORN(예술, 미학, 창조성, 조직 연구 네트워크)이 조직되었다(서지혜, 2017).

기업 내 예술의 새로운 협력을 촉진시키고 개발하기 위한 전문매개기관들이 유럽을 중심으로 생겨나기 시작한 시기도 이때다. TILLT(스웨덴), Connexion Improbable(스페인), Artists in Labs(스위스), Kunstgreb(덴마크), NyX 혁신 협력 프로그램(덴마크) 등의 기관들이 설립되어 예술적 개입을 위한 재원조성과 매칭, 협업 활동의 매개를 전개해왔고, Artlab(덴마크)과 SKISS(스웨덴) 등 예술가들이 현장 활동을 통해 훈련을 할 수 있도록 기회를 제공하는 기관들도 운영되었다. 이들 기관들은 EU의 지원으로 TILLT Europe(2009) 프로젝트를 통해 베를린사회과학연구소와 결합하여 스웨덴(TILLT)과 스페인(Disonancias) 등 현장 실행을 바탕으로 예술적 개입 활동에 대한 체계적 연구와 유럽 정책제안을 본격화하기 시작하였다. 또한, Creative Clash(2008-2011) 프로젝트를 통해 매개기관들의 협력을 통해 범유럽 차원에서의 상호 경험과 지식을 공유하며 공동 개발 플랫폼을 운영하였다. Creative Clash의 일환으로 출판된 보고서(Antal & Strauß, 2013)는 205개 조직에서의 실행 데이터와 문헌들을 바탕으로 예술적 개입이 조직 내에 가치를 부가한다고 주장해 온 효과 유형 29 가지를 찾아내어 8개 그룹으로 나누어 제시하고 있다. 예술적 개입의 주요 실행과 연구 추이를 [그림9]와 같이 개괄할 수 있다(서지혜, 2017).

[그림9] 예술적 개입의 실행과 연구추이 개괄

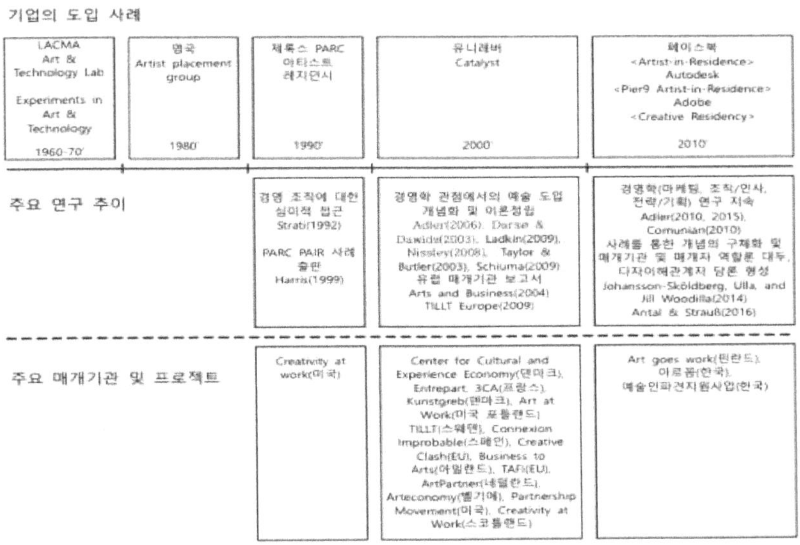

자료 : 서지혜(2017)

예술적지향성의 등장

창의 및 혁신사회, 융합의 시대를 맞아 창의성과 혁신이 기업 경쟁력의 원천이 되고 있고, 이러한 창의성과 혁신을 촉진시키는 방안으로 기업에서 예술을 도입하고자 하는 노력이 심화되고 있다. 따라서 창의성과 혁신을 지향하는 경영과 예술 간의 관계에 대한 보다 체계적인 연구가 지속적으로 필요하다. 경영과 예술 간의 관계를 융합적 관점에서 통합적으로 조망할 필요성이 있다.

경영과 예술의 융합관점에서 최근에 등장하고 있는 것이 개념적 접근모형이다. 경영학에서 "기업가정신(entrepreneurship)"과 그의 응용개념인 “기업가지향성(entrepreneurship orientation)"이 기업의 혁신원천으로 작동하는 것처럼 예술에서도 대응적으로 이와 유사한 개념화의 시도가 최근에 등장하였다. 바로 ”예술기업가정신(arts entrepreneurship)[1]“과 예술적지향성이 그 것이다. 하지만 예술기업가정신은 2000년대 예술중심의 경영·예술융합에 속하는 예술경영학 관점에서 제시된 것으로 개념 자체가 전문예술인들이 문화예술계의 불확실성을 극복하기 위한 대안으로 제시되었다(이선식, 2017). 따라서 일반 기업경영 전반에 영향을 주는 경영학 중심의 경영·예술 융합으로 보기 어려운 측면이 존재한다. 반면, 예술적지향성(artistic orientation)[2]은 아주 최근에 연구문헌(2018.2)에 등장한 개념으로 해당 연구에서는 기업가정신과 함께 거의 동일한 수준으로 혁신행동에 긍정적 영향을 미치고 있으며, 예술적지향성과 기업가정신 간의 결합(동시존재)은 더 큰 시너지를 창출하고 있음을 밝힘으로써 결과적으로 예술적지향성이 경영과 예술의 진정한 융합의 한 축이 되고 있음을 나타내 주고 있다. 하지만 이 연구의 한계점에서 밝힌바와 같이 예술적지향성의 개념화와 그 측정이 시험적 수준에서 이루어졌다는 문제점을 갖고 있다. 따라서 보다 정교하고 풍부한 자료를 바탕으로 신뢰성과 타당성이 확보된 예술적지향성의 개념화와 척도개발이 체계적으로 이루어질 필요가 있다(한은수, 2018).

---

1) 예술기업가정신은 "문화노동자들이 예술적, 경제적, 사회적 가치를 창출하고 그 가치를 구현하기 위해 자신들의 역량을 발전시키며, 그들의 창의성과 자율성을 지지하려는 경영의 과정"으로 정의할 수 있다(Chang & Wyszomirski, 2015).

2) 예술적지향성은 예술의 일반적 특성들인 인간의 현실적 정서성, 승화된 아름다움(미), 일정한 예술적 형식, 정화(catharsis)등과 같은 예술적 특성을 조직이 추구해야 한다고 생각하는 개인의 경향으로 정의하고 있다.

5. 학문으로서의 경영학과 예술의 융합

그 동안의 경영과 예술의 관계를 융합적 관점에서 조망해보면 [그림 10]과 같이 나타낼 수 있다. 결과적으로 경영과 예술의 실질적인 융합영역은 경영미학(또는 예술기반경영)임을 알 수 있으며, 이에 따라 본 연구의 중심영역은 4/4분면이 된다. 특징적인 점은 예술중심의 "예술경영"이 학문적으로 독자적 영역을 구축하고 있다는 점이다. 이 또한 융합의 한 형태로 볼 수 있으나 기업경영전체로의 일반화 가능성이 낮다.

[그림10]　예술과 경영의 융합모형의 추정과 연구영역

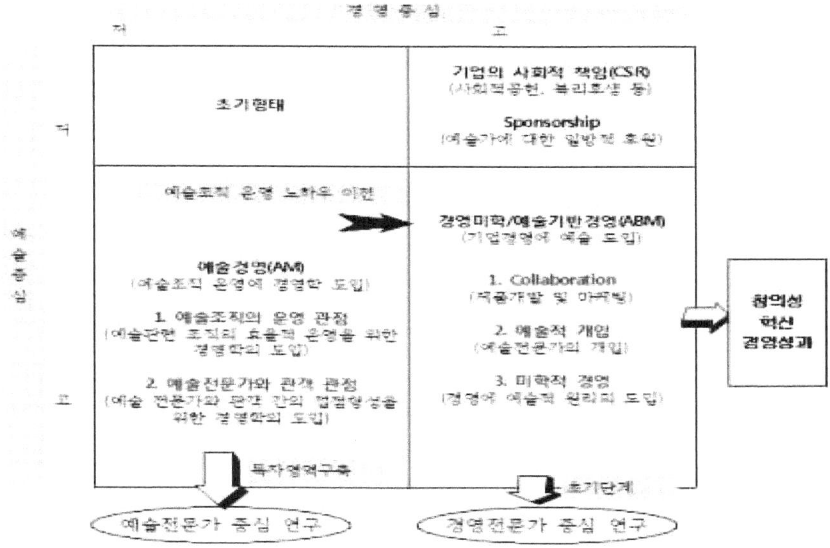

자료 : 선행연구 조사를 기초로 본 연구자가 정리함.

경영과 예술의 관계는 학문적 영역에서도 지속적으로 연구가 진전되어 왔다. 지금까지의 관련 연구동향을 토대로 살펴보면 예술에 경영학의 도입이냐 아니면 경영학에 예술의 도입이냐에 따라 다음의 2가지 형태로 분류해볼 수 있다. 먼저 예술에 경영학을 도입하는 경우로 이 분야는 학문적으로 예술경영(art management)이라는 이름의 학문분야로 발전되어 왔다. 우리나라의 경우 2001년 설립한 「(사)한국예술경영학회」나 2008년 설립한 「한국문화예술경영학회」가 대표적인 학술단체로 예술분야의 전문조직을 어떻게 효율적으로 경영할 것인가에 주로 초점이 맞춰져 있다. 다음은 경영학에 예술을 도입하는 경우로, 주로 "경영미학(management aesthetics)", "경영예술(management arts)" 또는 "예술기반경영(ABM: Arts-Based Management)", "예술기반 이니셔티브(Arts-based Initiatives)"라는 이름으로 2000년대부터 독자적으로 발전되어 왔다(이하에서는 편의상'경영미학'으로 통일한다). 하지만 경영학에 예술을 도입하는 관점에 대한 연구 활동은 기업조직에서 실제 예술을 활용하는 것과 비교하면 매우 미진한 상황이다.

지금까지의 관련 연구들을 검토한 결과에 의하면 경영학에 예술을 도입하는 관점("경영미학")에 대한 연구는 다음의 3가지 관점에서 진행되어 온 것으로 파악된다([그림10] 참조).

첫째는 문화예술사회공헌적 관점의 연구이다. 문화예술사회공헌은 기업의 예술적 활동을 통해 사회적 책임(Social Responsibility)관점에서 사회적공헌과 더불어 기업의 경쟁력 제고를 위해 기업의 사회적 이미지를 증진시키고자 행해지는 것으로 주로 대외적 측면에 초점을 맞추고 있다. 기업이라는 경제활동의 주체가 사회 내에서 비용을 들여 대중 및 조직 내 구성원에게 예술을 즐길 수 있도록 해주며, 열악한 예술적 경제 환경을 지원한다는 점에서 중요한 의미를 갖는다. 그리고 사회적 책임이 경영의 한 수단으로 작용하고 있는 현대의 경영환경을 고려할 때 이러한 문화예술사회공헌활동은 기업경쟁력제고 관점에서도 효과가 있는 것으로 알려져 있다. 경영학에서의 해당 학문적 영역으로는 기업의 사회적 책임(CSR)과 마케팅 등이 있다.

둘째는 기업경영에서의 예술의 실행적 측면에서의 연구이다. 실제 기업에서 예술을 적용함으로써 얻어지는 예술의 경영효과를 근거로 기업 내에서 다양한 예술적 활용을 시도하고 있다. 기업에서의 예술의 활용은 작게는 직원복리후생차원의 공연관람이나 동아리 지원부터 사내 예술관련 경연대회 등이 해당되며, 보다 적극적으로는 "조직 내 예술적개입(Artistic Interventions in Organizations)"이 있다. 조직 내 예술적개입은 예술세계의 사람, 실행, 생산물이 조직의 세계로 들어가서 개발을 지원하거나 촉발시키는 과정으로 광범위하게 정의되기도 하며(Berthoin Antal, 2009, 2012), 좁게는 예술가나 예술단체가 기업, 기관 등의 조직에 투입되어 예술가와 조직원 간의 상호작용 및 학습의 과정을 바탕으로 다양한 차원의 조직 개발을 일으키고, 또한 그 자체가 예술적 작업으로 미학적 성취를 얻는 과정으로 보기도 한다(Arcom, 2014). 이는 브랜드 구축이나 상품개발을 위한 예술가와의 콜라보레이션이나 기업의 예술가에 대한 일방적 지원을 일컫는 스폰서십과는 다른 개념으로 예술과 조직, 어느 한쪽의 이익을 위한 것이 아닌, 예술과 조직이 전혀 다른 세계를 탐험하는 창의적 충돌(Creative Clash)의 과정을 통해 학습하고 공동 발전하는 과정에 초점을 맞춘다는 점에서 경영과 예술의 진정한 융합이라고 할 수 있을 것이다(Darsø, 2004).

셋째는 예술의 개념적 속성과 기업에서의 경영효과와의 관계에 대한 것으로 개념적 관점에서의 연구이다. 이는 기업에서의 예술적 속성의 추구가 기업경영에 긍정적인 영향을 미칠 것이라는 가정 하에 연구되어져 왔다. 하지만 예술적 속성에 의한 기업경영에서의 다양한 효과의 기대에도 불구하고 이 분야에 대한 학술적 연구는 의외로 폭과 깊이가 그리 크지 않다. 이는 경영과 예술을 연계한 연구들이 주로 예술중심 경영학의 도입, 즉 "예술경영"의 관점에서 행해졌기 때문으로 상대적으로 경영에 예술을 도입하는 연구의 시도자가 많지 않았기 때문으로 추정된다. 왜냐하면 순수경영학자들은 주로 순수한 경영학에 관심을 가지고 있었고, 예술가들은 주로 예술조직의 경영("예술경영")에 관심을 가지고 있었기 때문에 경영학에 초점을 맞춘 예술의 도입에는 상대적으로 무관심할 수밖에 없었기 때문이다. 이와 같이 경영과 예술의 관계는 초기의 느슨한 관계에서 점점 유기적 관계로 발전되어 왔음을 볼 수 있다. 즉, 초기의 단순 협력관계에서 점점 융합적 관계로 발전되어 오고 있음을 알 수 있다. 단순히 경영에서 예술의 특정부분을 채용하는 데에서 점점 발전하여 경영과 예술의 강한 결합과 융합을 통해 시너지가 창출되고 있는 것이다.

제3장 예술경영학

1. 예술경영학의 개요

예술경영의 개념

예술경영은 '예술'과 '경영'을 접목시키는 활동이다(용호성, 2017). 예술경영이란 예술을 경영하는 것이라기보다는 예술을 위한 경영이라고 이해하면 정확하다(용호성, 2017). 예술경영(arts management)은 예술행정(art administration)으로 불리기도 하며 전문적으로 예술활동을 지원하고 운영한다는 의미이다.

누구나 다 아는 바이지만 예술공간이나 예술단체에 대한 접근이라 하더라도, 그 어떤 경우도 그자체로 독자적인 문제가 아니라는 엄연한 사실이 존재한다. 즉, 예술가와 예술창작의 과정과 성과물, 그것의 비평과 평가, 모든 작품의 제작 과정에서 요구되는 불측정의 요소들, 작품의 보급과 유통의 문제에서 벌어지는 여러 복잡한 관계들, 그리고 관객의 반응과 사회적 인식의 문제 등이 복잡하게 얽혀있음을 모르는 사람은 아무도 없다. 그러한 복잡한 관계를 풀어가는 것이 곧 예술경영이라 할 수 있다(박신의, 2008).

비영리기구인 문화예술시설에 일종의 '경영마인드'가 결합되면서 프로그램 운영이 활기를 띄기 시작한 것부터 그 변화의 시작으로 꼽을 수 있다. 경영학에서 말하는 경영마인드에는 고객중심 마인드, 경쟁우위 마인드, 가치극대화 마인드 등이 핵심 3요 소로 제시된다. 이런 요소들이 문화예술시설에 영향을 준 점이라면, 시설 운영에서 관객을 중심으로 생각하는 관점의 변화(고객중심 마인드)가 가능했고, 시설 활성화를 목표로 내.외부 역량 분석과 전략적 사고를 실행하는 등의 과학적인 접근(경쟁우위 마인드)이 주어졌으며, 수익극대화라는 명제를 수용하면서 시설의 재정자립을 높이기 위한 방법론이 차용(가치극대화 마인드)된 점 등을 말할 수 있다(박신의, 2009).

이에 따라 보다 창의적인 프로그램 개발에 대한 노력이 주어지고, 관람객을 적극적으로 개발하기 위한 다양한 형태의 마케팅 방안 등이 시도되는 가운데, 기획자들과 전문인력에 대한 사회적 관심과 요구가 늘어나게 된 것이다. 어떻게 보면 극장과 박물관, 미술관, 예술단체 등에 대한 합리적 운영과 효율성을 높이기 위한 목표 속에서 예술경영은 기관 및 단체에 대한 경영(Administration)으로 그 역할과 범주가 규정된 것일 수도 있다. 그러면서 자연스럽게 경영학적 기법이 기획과 마케팅, 예산 운영 및 재원 조성, 조직 운영 등에 집중되면서 일정하게 문화예술시설 및 단체에 대한 과학적 접근이 실현되었던 것이다(박신의, 2009).

모든 문화예술시설은 그 자체로 예술적 수월성(Production 차원)과 공공성(Distribution 차원), 공익성(Consumption 차원) 을 일반적인 활동 목표로 설정하게 된다. 하지만 그것이 법적 강제력이나 의무조 항의 성격을 갖지 않으며, 또 외부 여건에 따라, 즉 재원의 규모나 성격, 정치적 변수 등에 따라 활동의 비중이 달라질 수도 있게 된다.

예술경영은 '무엇을 목표하는가?'라는 질문에 대해 단적으로 예술경영은 '예술제도에 대한 경영'을 문제 삼는 일이다라고 답할 수 있다. 그리고 예술제도와 예술의 자율성 이념이 서로 어긋나는 지점을 최소화하기 위해 예술제도를 성장시키는 일이다. 마치 훌륭한 경영자가 기업을 성장시키듯 말이다. 그렇기 때문에 경영학적 접근은 바로 그 목표를 살리기 위한 방법론이자 기법일 때 의미를 갖는다고 말할 수 있다. 일테면 티켓 판매에 성공하기 위해 대중적 작품을 선별하면서 극장을 경영하는 수준이 아니라, 오히려 실험적인 공연예술단체의 작품을 초대하면서 극장 경영이 가능할 수 있도록 여러 제도적 장치와 협의하고 설득을 얻어내는 것이 실질적인 예술경영의 몫이며, 그 과정에서 경영학적 도구가 적절하게 활용될 수 있어야 한다는 논리다. 그렇지 않는다면 사실 예술경영은 가치론적 딜레마에 빠지게 될 것이다(박신의, 2009).

예술경영학의 다른 이름들

예술경영과 유사한 용어로는 '예술행정(arts administra tion)', 문화행정(culture administration), 문화경영(culture management), 문화예술경영(Arts & Cultural Manage ment) 등이 있다. 이 용어들은 유사한 의미이면서도 약간씩 차이가 있다. 이 중에서 예술경영과 문화예술경영에 대해 박신의(2008)는 예술경영의 적용범위와 대상의 확대에서 차이가 있을 수 있음을 시사하고 있다. 즉 대상은 예술이되, 그 것이 갖는 사회적 영향력과 문화적 관계를 포괄하는 영역을 염두에 둔다는 점에서 예술경영이냐 문화예술경영이냐로 구분할 수 있다는 것이다.

국가적으로 살펴보면, 미국에서 널리 쓰이는 '예술경영'은 주로 비영리 부문의 예술조직에 대한 경영이론을 포괄적으로 지칭한다. 오케스트라, 극단, 무용단처럼 일정한 조직을 단위로 창작과 발표 활동을 하는 예술분야를 주로 다룬다. 반면, 예술분야 중에서도 영리적인 성격이 강한 영화나 뮤지컬 등에서는 예술경영보다는 '제작(producing'이라는 용어를 더 보편적으로 사용한다(용호성, 2017).

예술경영의 처음의 용어는 예술단 체와 시설에 대한 경영이라는 점에서 'Arts Administration'으로 주어졌다. 그러나 예술경영의 대상이 단순한 시설에 대한 관리 혹은 경영 차원이 아닌 다양한 기획과 사회 활동으로 확장되면서 이제는 'Arts Administration'이 아니라 'Arts Management' 로 사용하고 있다. 다른 한편 우리나라에서는 경영학을 'Business Administration'으로 명기하고 있는데, 이것을 정확히 번역하면 '기업경영(또는 관리)'이라 할 수 있다(박신의, 2009).

예술경영에는 일반기업경영에서는 만나기 힘든 예술적 가치가 개입한다. 단순히 경제적 가치만으로는 설명되지 않는 무엇이 예술경영에서는 실질적 가치로 작용한다. 더 나아가 예술 그 자체가 갖고 있는 창의적이고 유연한 가치가 이제는 예술경영을 넘어서 문화경영의 이름으로 기업현장에 스며들고 있다. 또한 미국이나 서구와는 전혀 다른 맥락 속에서 엄청난 속도로 변화와 성장을 거듭하고 있는 국내 예술경영이 이제는 세계 예술현장과 맞닿아 거의 동시적으로 움직이게 되었다(용호성, 2017).

예술경영 관련 주체들

예술경영과 관련된 주체들은 예술행정가, 프리젠터, 공연기획자, 아트매니저/매니지먼트회사로 구분해 볼 수 있다.

먼저, 예술행정가(Arts Administrator)는 예술관련 단체나 공공기관에서 리더십을 필요로 하는자리에 있는 감독이나 단체장으로 오케스트라 행정감독이나 공연장의 단체장을 들 수 있다. 문화예술을 총체적으로 지원하며 예술지원시설을 운영하기도 한다. 예술행정가는 예술재단으로 모금되는 문예진흥기금을 운용하기 위해 장기적인 비전과 계획을 수립하고, 이를 지원해 한 해에도 몇 백편씩 쏟아지는 연극과 공연전시회 등 예술활동들을 뒷받침한다. 그 외에도 예술공연, 작품들에 대한 감상자의 이해와 감상의 폭을 넓혀주기 위한 행정적 업무 즉, 예술의 대중적 확산을 돕는 일을 한다.

두 번째로 프리젠터(Presenter)는 공연주최 또는 주관사를 말한다. 일반적으로 프리젠터는 공연장을 갖고 있으면서 예술가나 예술단체를 고용해서 그들과 계약을 맺고, 공연을 기획, 주관하는 단체로서 예를 들어 미국의 케네디센터나 공연예술센터 등이 있다.

세 번째로 공연기획자는 공연을 만드는 사람으로 연극, 뮤지컬, 음악, 퍼포먼스, 이벤트 등의 공연기획자는 그 무대에 관한 전반적인 컨셉을 구성하고 제작을 하기 위한 스태프를 짜서 한편의 스토리를 무대에 올린다. 따라서 전 스태프의 호흡을 맞추고 일일이 작품에 맞는 배역을 선정한 후 오디션 등을 통해 출연진을 선정한다. 또한 무대와 의상, 음악 등 전체적인 분위기를 설명하여 전체의 성격을 전달하는 총지휘자의 역할을 한다. 공연기획자체가 종합예술에 대한 다방면의 재능을 필요로 하기 때문에 종합적인 사고력과 판단력, 통솔력이 요구되며, 공연이라는 문화상품을 수출하기 위해 외국어 능력을 갖추고 있는 것이 도움이 된다.

마지막 네 번째로 아트매니저/매니지먼트회사는 아티스트매니저(Artist's Manager)는 예술가의 대리인이며 예술가를 대신하여 공연활동을 계획하고, 국내외 스케쥴을 조정하고, 관련계약체결 등 모든 행정처리를 대신하는 역할도 한다. 그런데 매니저의 경우 한사람이 하는 대신 대규모로 회사의 구조를 가지는 경우가 많으며 현재 세계적인 아티스트들은 대부분 이러한 회사에 소속이 되어 있다. 매니지먼트 회사에서는 소속 예술가들의 리스트를 만들어 이들을 홍보하고 공연 계약을 맺으며 국내외 스케쥴을 관리한다. 그들이 하는 일은 순회공연담당부, 지휘자 담당부, 성악가 담당부, 무용단 담당부, 계약부, 홍보부, 프로그램과 여행 업무부 등의 분야로 나눌 수 있고 이 중에서도 순회공연부와 홍보부 그리고 예약부가 중요한 역할을 한다.

그리고 예술가들은 예술가들은 예술작품을 창작하지만 예술경영인은 예술상품을 제작하고, 예술소비자들이 예술시장에서 예술상품을 만날 수 있게 돕는다(용호성, 2017).

2. 예술경영학의 발전과정

예술경영학발전의 태동과 발전 배경

오늘날 의미의 예술경영학의 발전은 미국으로부터 출발하였다고 볼 수 있다. 유럽에서 왕과 귀족이 예술의 후원자 역할을 하던 근대사회의 전통이 중앙과 지방정부에 의해 대체되어 예술은 후원의 영역에 있었던 반면 미국에서는 예술조직들이 철저하게 외부지원 없이 시장을 기반으로 발전하였다. 그렇다고 해서 시장의 수익만으로 운영되는 것은 아니다. 실제 예술조직의 운영은 다양한 원천으로 구성되어 있다. 정부 외에 기업, 재단, 개인 등 다양한 민간후원주체들이 비영리예술단체들을 지원하고 있다. 하지만 미국에서의 예술조직의 운영의 지원을 받는 것은 유럽과 달리 경합을 전제로 하는 경우가 많다. 즉 예술조직마다 갖는 미션과 경쟁력을 무기로 치열한 경합을 거쳐야 조직운영에 필요한 자금을 획득할 수 있었다. 이와 같은 미국의 예술조직의 환경이 2차 대전 이후 현대 예술경영의 발전을 야기하였다고 할 수 있다.

본격적인 현대적인 형태의 예술경영학의 발전은 1960년대로 거슬러 올라가 살펴볼 수 있으며, 그 근원은 일반경영학에서 찾아 볼 수 있다. 2차 세계대전 이후 민간재단의 지원이 커지면서 이의 효율적 운영의 문제인식이 생겨났고, 이 문제를 경제 및 경영학자들이 해결하고자 노력하게 되었고 이러한 노력의 결과가 오늘날의 예술경영학의 탄생과 발전을 가져왔다. 따라서 엄밀한 의미로 오늘날의 예술경영학은 예술계 내부의 동력보다는 경제학이나 경영학과 같은 다른 학문분야의 관심과 개입으로 본격적인 출발을 알리게 되었다고 할 수 있다(용호성, 2017).

서구에서 예술경영 혹은 문화예술경영은 1960년대 중반 이후 진행된 것으로 보고 있으며, 그출발은 예술 현장의 요구로부터, 그리고 경영학의 하위학문(subdiscipline)으로서 주어져 왔다고 할 수 있다(박신의, 2014).

미국에서 시작된 예술경영

예술경영학의 본격적인 태동은 예술의 발달을 주도했던 유럽이 아니라 미국에서 시작했다고 할 수 있다. 유럽의 예술은 주로 왕과 귀족의 후원 하에 발전이 이루어짐으로써 예술경영의 필요성이 그만큼 없었다고 볼 수 있다. 반면 미국의 경우에는 직접적인 국가의 지원이 상대적으로 적었고, 민간이 중심이 되는 지원이 있다 보니 자연스럽게 경쟁적 구도가 자리를 잡게 되었다.

미국에서의 예술경영의 시작이 정부의 지원과 무관한 것은 아니었다. 1965년 미국정부는 국립예술인문재단법(National foundation on the Arts and Humanities Act)이 제정되었고 이에 근거하여 국립예술기금(National Endowment for the Arts : NEA)과 국립인문기금(National Endowment for the Humanities : NEH)을 설립함으로써 정부차원의 예술지원을 크게 확대하였다. 그리고 이를 계기로 실질적으로 미국의 예술경영의 태동이 이루어지고 발전하게 되었다(용호성, 2017).

미국에서의 예술경영의 태동에는 국가적인 환경이 한 몫을 하였다. 당시 미국은 2차 대전 이후 이어져 온 경제적 호황과

거대기업 및 독점자본의 등장에 따른 기업들의 독점적 행위에 대한 반감을 없애기 위한 노력이 더해져(장정 등, 2019), 헨리 포드, 록펠러, 앤드류 카네기, 앤드류 멜런 등 성공한 기업인들이 대규모 예술지원재단을 설립하여 지원하였고, 또 당시 '블루칩'으로 불리는 IBM과 Exxon, Chase Manhattan, Mobil 등의 기업들이 예술진흥기업위원회(Business Committee for the Arts)를 설립한 사실이 있다(박신의, 2009). 그리고 이러한 지원은 당시의 러시아와의 냉전체제에 따른 전략적 필요성과 맥을 같이하면서 더욱 촉진되게 되었으며, 이를 통해 메세나(Mecenat)가 활성화되었다. 뿐만 아니라 이 시기 미국은 경제호황을 바탕으로 급격히 증가한 출산률로 인해 베이비부머세대가 형성됨으로써 인구가 증가하였고, 이 베이비부머 세대들은 이전 세대보다 교육적 수준이 높아지고 경제적 수준도 향상됨으로써 자연스레 예술에 대해 더 많은 관심과 감상을 즐기고자 하였다. 결과적으로 예술에 대한 수요가 증가하게 된 것으로 이 수요층들은 보다 세밀하고 정교한 예술을 요구하게 되었으며, 따라서 인접학문인 경영학, 경제학, 행정학들의 이론들을 이 예술에 적용시키고자 하는 노력들이 나타났다(용호성, 2017).

이러한 와중에 등장한 것이 경제학자 윌리엄 보몰(William Baumol)과 윌리엄 보웬(William G. Bowen)이 '20세기 기금'(A Twentieth Century Fund)의 지원을 받아 작성한 「공연예술: 그 경제적 딜레마(Performing Arts : The Economic Dilemma, 1966)」이다. 이들은 '연극, 오페라, 음악 그리고 무용에 공통된 문제에 대한 연구'라는 부제를 가진 이 책에서 시장논리만으로 살아남기 힘든 공연예술계의 현실을 실증적 데이터로 증명하며 이들에 대한 사회적 지원의 필요성을 논리적으로 입증하였다는 점에서 중요한 기여를 하였다.[3] 이들에 따르면 공연

상품이 주로 인적자본에 의지하여 생산되기 때문에 기술발전이나 대량생산이 이루어지더라도 생산성 향상을 기대할 수 없고, 따라서 자연적인 인건비 상승분을 판매수익만으로 감당할 수 없다는 것이다. 이들의 연구는 미국정부의 예술계 지원에 대한 이론적 근거가 되었고, NEA의 설립으로 이어졌으며 결과적으로 예술경영의 태동을 가져오는 계기를 만들었다(용호성, 2017).

이 보고서에서 흥미로운 점은, 공연예술의 구조적 측면을 문화경제학적인 관점에서 바라본 것이라 하지만 실제 많은 내용에서 예술경영의 맥락이 전제되어 있다는 사실이다. 다시 말하면 예술경영과 관련하여 필요한 다양한 통계와 수치에 대한 작업이 훌륭하게 이루어지고 있는데, 일테면 오케스트라와 상업극장, 오프-브로드웨이 극장, 지역극장, 오페라단, 무용단 등의 형성 배경과 변천과정을 역사적으로 다룸과 동시에 그것의 인력과 예산 현황, 매표 수입의 변화 등을 자세히 다루고 있는 점이 그렇고, 또 실제 예술가들의 봉급 규모나 현황을 제시한 점, 그래서 실제 공연 수입과 예술가들의 봉급의 격차와 갭 등을 자세한 수치적 비교를 행하고 있는 점도 그렇다. 이러한 접근은 사실 놀라운 작업이라 여겨지는데, 이 모두가 실제 예술경영의 특수성을 설명하는 데 전적인 기여를 하고 있다고 보기 때문이다. 특히 극장의 예산이나 공연 규모를 추적함에 있어 예술 단체의 구조와 조직을 살피게 되는 경우를 보면 거의 예술경영의 상황이 기술됨을 알 수 있게 한다(박신의, 2009).

보몰과 보웬의 이론과 다른 방향의 예술적 발전도 있었다.

3) 이를 계기로 문화경제학이라는 학문 분야가 자리를 잡게 되었다. 이는 경영학이 경제학을 모태로 생성·발전한 것처럼, 예술경영 역시 문화경제학과 연관성이 있다는 것은 흥미롭다(박신의, 2009).

그 대표적 예가 브로드웨이 뮤지컬로 이 극단들은 일반 공연예술단체들과는 달리 세법 501조(C)에 해당하는 비영리조직이 아니라 이윤을 추구하는 일반기업형태로 운영하였다. 이들은 비영리조직으로서의 혜택을 포기하고 뉴욕을 찾는 관광객을 중심으로 한 풍부한 관객층을 기반으로 기업과 운영하였다(용호성, 2017).

무엇보다도 60년대 미국 경영학의 흐름에서 그 연관성을 보다 결정적으로 찾을 수 있는데, 실제로 1966년에 '예술경영연구소'(Arts Administration Research Institute)가 하버드 경영대학에 설립된 것이다. 이 연구소를 창립한 사람은 하버드대학의 토마스 레이몬드(Thomas Raymond)와 스테판 그레이저(Stephen Greyser), 그리고 하버드대학의 예술경영전문가였던 더글러스 슈왈브(Douglas Schwalbe)였으며, 이들은 다시 1970년에 하바드예술경영썸머스쿨연구소(Harvard Summer School Institute in Arts Administration)를 열기도 하였다. 실제 이 세 사람은 이 연구소를 통해 두 개의 저서, 문화정책과 예술경영 (Cultural Policy and Arts Administration, 1973)과 예술경영 사례 (Case in Arts Administration, 1975)를 펴냈으며, 레이몬드와 그레이 저는 하버드 비즈니스 리뷰(Harvard Business Review)에 'The business of managing arts'라는 에세이를 기고하기도 했다(박신의, 2009).

유럽의 예술경영

유럽은 전통적으로 왕과 귀족들에 의해 예술이 후원을 받는 구조였다. 그러다 19세기 말에서 20세기 초 근대사회로 들어오면서 이 역할을 대신한 것이 국가였다. 국가는 예술이 교회와 궁정 및 귀족의 저택을 벗어나 더 폭넓게 시민들에게 향유

되도록 지원하였다(용호성, 2017). 이런 중에 유럽에서 정부의 예술에 대한 지원이 변화를 맞게 된 것은 영국에서부터였다. 1970년대 오랫동안 노동당 집권 과정에서 일어난 경기침체와 그에 따른 위기감이 고조되며 경제적·사회적 측면에서의 획기적인 변화가 요구되었고, 이때 등장한 사람이 마가렛 대처(Margaret Thatcher) 수상이다. 1979년 집권한 대처는 경제적 침체를 벗어나기 위해 미국식 자유경쟁원리를 도입하였다. 이 과정에서 국영기업을 민영화하고 경제적 효율성이 낮은 산업분야를 퇴출하였다. 또한 복지, 교육, 문화 예산 등도 대폭적으로 삭감되었다. 이러한 대처의 국가적 처방은 경제적으로 성공을 거두었지만 예술계는 직접적인 피해를 보게 되었다. 결국 많은 예술조직이 문을 닫게 되었고 남아있는 예술조직들도 새로운 자립의 돌파구를 만들지 않으면 안 되는 상황이 되었다. 유럽에서의 예술계의 어려움은 비단 영국만의 문제가 아니었다. 프랑스의 경우에도 1995년 자크 시라크 수상이 집권하면서 그 동안 수백 년 동안 지속적으로 문화예술부분에 지원을 아낌없이 해왔던 데서 벗어나 이 분야에 대한 지원을 축소하기 시작하였으며, 1990년 공산주의 체제가 무너지면서 유럽의 공산주의 국가들이 예술에 대한 지원을 축소하였다. 결과적으로 1970년까지만 해도 미국에서 시작된 예술경영에 대한 관심이 없던 유럽의 국가들이 1980년 즈음부터 부족한 재정을 보충하기 위해 적극적으로 미국식 예술경영을 받아들이게 되었다(용호성, 2017).

유럽은 예술 후원의 역사가 오래된 지역으로, 유럽의 국가들 중 현대사회에 들어서 제도적으로 정부 주도의 지원기구를 만든 것은 영국이다. 실제로 2차 세계대전이 발발하던 1939년에 설립된 '음악 및 예술진흥위원회'(Committee for Encouragement of Music and the Arts)는 전쟁 기간 중

인류의 파괴된 도덕심을 매워주는 역할을한 것으로 자부하고 있다. 이 위원회는 다시 1946년에 본격적인 예술위원회(Arts Council of Great Britain)로 발전하게 되는데, 이는 추후 미국을 포함한 많은 선진국에서 예술위원회를 만들게 한 계기를 제공했으며, 동시에 예술경영에 대한 이니셔티브를 만들어주고 기업의 예술에 대한 개입을 강력하게 추동하는 데 결정적인 역할을 한 것으로 평가받고 있다(박신의, 2009).

영국의 경우 '팔길이 원칙'(Arm's length principle)에 따라 국가가 예술활동에 지원하되 간섭하지 않는다는 자율원칙을 전제한 바 있다. 그런 점에서 영국에서의 예술경영은 예술지원기구 자체의 자율적이고 효율적이며 합리적인 기금 운영에 대해 예술경영이 적용된 것이라고 말할 수 있으며, 그 점에서 미국과 차이를 보인다고 할 수 있다.

반면, 프랑스의 경우 처음부터 국가 주도의 예술지원이 이루어졌다는 점에서 차이를 알 수 있다. 다시 말하면 미국이 처음부터 예술과 정치의 관계를 불신한 것과는 반대로, 프랑스의 경우 예술의 가치와 유산적 맥락을 국가가 보호하는 것을 국가적 이념으로 일치시켜왔다는 점이 그것이다. 그런 점에서 프랑스는 예술경영이라는 개념이 오히려 실제 예술품 거래가 이루어지는 시장에 대해 제한적으로 사용되어 왔고, 오히려 문화정책이 더 발달하게 된 것이라 할 수 있다. 물론 1990 년대 중반부터 서서히 예술경영의 개념이 확장된 형태로 적용되고, 대학 과정에서도 프로젝트 형 교육 체계를 갖추고 있어 예술경영의 세계적 흐름을 만들어가고 있는 편이다(박신의, 2009).

한국의 예술경영

앞서 설명한 것처럼 유럽은 예술을 공익성으로 구분하여 국가에서 지원하는 방식이 많았지만 미국은 예술분야에도 시장 원리를 적용하고 있다. 우리나라의 경우에는 유럽과 유사한 점이 많기 때문에 재원조성에 있어 미국과는 달리 정부의 지원에 많이 이존하고 있다(이은미, 2018).

예술경영이 한국에 도입된 것은 1980년대 말로 1989년 단국대학교 경영대학원 경영학과에 예술경영 전공과정이 만들어진 것이 시초라고 할 수 있다(용호성, 2017). 이후 1995년 한국예술종합학교 무용원이 설립되면서 이론 학과 내에 무용이론 전공과 예술경영 전공을 두었으며, 연이어 성균관대학교(1995년), 홍익대(1998), 숙명여대(1998), 서울시립대(1999), 경희대(1999) 등에서 예술경영 관련 전공과정이 개설되었고, 현재 전국 50여개 학교에서 관련전공이 개설되어 있다(용호성, 2017).

한국에서 예술경영의 학문적 틀이 갖춰진 것은 2002년 한국예술경영학회가 설립되어 운영되면서 부터라고 할 수 있으며, 2005년에는 정부에 의해 예술경영지원센터가 설립되어 예술경영분야의 실무와 학문적 발전을 지원하고 있다. 특히 학문적으로 볼 때, 예술경영을 발전시키기 위해 1960년대 중반부터 출발한 현대적 예술경영은 경영학에 상당 부분 빚을 지고 있지만, 이제는 국내외를 막론하고 예술경영의 독자적인 방법론과 경험들이 어느 정도 축적되고 있다(용호성, 2017).

문화예술경영으로의 발전

세계 공공정책 및 행정 백과사전International Encyclopedia of Public Policy and Administration (1998)에 따르면, 예술경영(arts administration 혹은 arts management)에 대한 사전적 정의는 다음과 같다.

예술경영이란 경영학의 다섯가지 전통적인 기능, 즉 계획하고(planning), 조직하고 (organizing), 직원을 두고(staffing), 감독하고(supervising), 통제하는(controlling) 활동을 공연예술 및 시각예술의 생산을 용이하게 하고 예술가의 작품을 관객에게 제시 하는 데 적용하는 것이다. 창조적 과정과 관객에 대한 소통을 용이하게 하고 이를 경영하는 것은 한편으로 공적 기구의 일이며, 동시에 비영리예술단체(비영리극장, 심포니오케스트라, 오페라단, 댄스 컴퍼니, 뮤지엄, 공공방송, 공연예술센터 등)와 사적 기구, 상업적 기구, 수익예술단체(상업적극장, 대중음악, 상업화랑, 영화, 텔레비전, 비디오 등의 문화산업체 등)에 공통으로 해당되는 일이다(Martin 1998).

이러한 정의를 전제로 마틴은 다섯개의 경영 부문, 즉 전략적 계획(strategic planning) 과 재무관리(finance management), 재원조성(fund-raising), 마케팅(marketing), 그리고 시설이나 설비경영(facility of physical plant management) 등의 영역을 설립 단체에 적용함으로써 예술을 옹호하고 지원할 수 있다고 덧붙였다(Martin 1998). 이 정의를 인용하고 있는 데릭 총(Derrick Chong)은 이 정의가 두 가지 측면에서 쟁점을 갖는다고 지적하고 있다. 하나는 다섯 가지 경영학의 요소를 적용한 것이 며, 다른 하나는 예술경영의 대상과 범위를 두 개의 그룹으로, 즉 공적 기구와 비영리 단체, 그리고 이에 대응하는 사적 기구와 수익성 기구로 대별한 것에 대해서이다. 먼저 다섯가지 경영학의 요소와 관련해서는 근대경영학의 아버지로 불리는 프랑스의 사업가 앙리 파욜(Henri Fayol)의 '관리 5요소'를 적용한 것으로 보았다. 다시 말하면 오늘날 관리원칙의 골자를 이루는 계획하고(planning), 조직하고(organizing), 지휘하고(commanding), 조정하고(coordinating), 통제하는(controlling) 활동과 연관된다는 것이다.

그러나 데릭 총은 20세기 초반에 제시된 경영학적 개념으로 어떻게 예술경영에서 요구되는 체계적이고 성찰적인 경영 활동으로 적용될 수 있는지에 대해 의문을 제기 하고 있다. 일견 이러한 문제제기는 일리가 있다. 실제로 예술경영이 이런 식의 경영학적 개념으로 중성적으로 혹은 문자 그대로 적용될 경우, 그 자체의 특수성과 복합성을 설명하기 힘들어지기 때문이다. 하지만 어떻게 보면 정의를 내리는 작업이라는것 자체가 갖는 한계일지로 모른다는 생각을 하게 된다. 물론 예술경영에 대한 정의가 훨씬 정교하게 수정될 소지가 없는 것도 아니지만, 그 정도에서 십분 이해하고 넘어갈 수 있다는 것이다. 그런데 문제는 일반적인 예술경영학 저술에서 또다시 경영학의 기법을 마치 공식 대입하듯 적용해 가는 점이다. 그럴 경우 실제로 경영학의 성과조차도 공식처럼 활용될 뿐, 경영학의 다양한 원리와 내적 흐름을 충분히 결합 하는 것이 아니게 된다. 그런 점에서 데릭 총의 문제제기는 이런 관점에서 받아들일 필요가 있다고 본다.

다른 한편 예술경영의 대상과 범위에서 예술을 포함한 상업적 기구로 넓힌 점에 대해서는 전통적인 관점을 확장해 준다는 점에서 유용한 부분이 있다고 본다. 사회 학자로서 문화이론과 조직 이론의 대가로 정평이 나있는 프린스톤 대학의 폴 디마지 오(Paul DiMaggio)교수는, 역사적으로 문화기업정신이나 예술 흥행의 맥락은 비영리와 영리의 기준을 동시에 포괄한 것이었음을 전제하면서 오히려 비영리 조직의 문제를 대중문화의 흐름과 논리 속에서 새롭게 접근할 필요를 역설한다. 실제로 포스트 모던 사회에서 거론되는 '문화 자본가'(cultural capitalists)는 음악과 시각예술에 집중된 엘리트 조직을 구축함에 있어서라면 중요한 일이라고 그는 보고 있다. 그리고 이미 바흐와 헨델 같은 작곡가나 렘브란트나 루벤스 같은 화가들은 고도화된 기업적 접근과 활용을 가시적으로 드러냈다고 보는 것이다. 게다가 이러한 접근은 기업가 정신을 하나의 사회적 과정으로서 널리 알리게 되고, 또 창의성의 경계를 확장한다는 점에서 중요도가 부각된다고 강조한다.

실제로 세계의 조직(organization)은 서로의 제도적 유사성에 의해 영향 받는 가운데 점차로 기업의 방식을 적용하는 경향을 갖는다. 대체로 많은 경우 창의적이고 혁신적인 조직을 유지하기 위한 요구들이 이런 식의 접근을 고무하게 되고, 특히 비영리조직의 경우 보다 활동의 효율성을 극대화하고자 기업의 스타일과 언어를 모방하게 된다고 디마지오는 덧붙인다. 그래서 관객과 방문객 또는 관광객들은 기업 마케팅에서 사용하는 방식대로 '소비자'로 분류함으로써 재규정되며, 빌바오 구겐하임의 경우처럼 이제 미술관은 하나의 브랜드로 국제적 프랜차이츠로 확산되는 상황이 벌어지고 있다.

앤디 워홀이나 제프 쿤즈(Jeff Koons) 같은 예술가들이 자기 프로모션의 뛰어난 전략에 의해 흥행 성공을 이루며, 유명 예술가들의 작품을 다양한 브랜드 네임과 예술상품 으로 제작하는 현상은 이제 예술경영이 이전처럼 '순수하게 예술단체에 대해 실행'했던 데에서 벗어나, 예술 자체가 하나의 생산물로서 기능하는 영역에 대해서도 적용되는 변화와 확산을 보게 되는 것이다. 따라서 그 변화와 확산을 설명하기 위한 용어가 곧 '문화예술경영'(Arts & Cultural Management)이라 할 수 있다(박신의, 2009).

3. 예술경영학의 유형

일반적으로 미국을 중심으로 하는 예술경영에서는 예술경영의 유형을 공연예술경영(Performing Arts Administration)

과 시각예술경영(Visual Arts Administration)으로 나누며, 전자에서는 음악이나 연극, 뮤지컬, 무용공연 및 극장경영 등을 다루고, 후자에서는 박물관과 갤러리 운영, 그리고 미술품 거래 관련한 사항을 연구한다.

공연예술경영(performing arts administration)

공연예술이란 무대에서 공연되는 모든 형태의 예술로 예술가 혹은 작품이 관객과 같은 시간과 공간을 공유하면서 작품이 만들어지는 예술이다. 음악, 연극, 무용, 오페라 등이 이에 해당된다(이은미, 2018). 그리고 이를 위해 예술경영에서는 음악이나 연극, 뮤지컬, 무용공연 및 극장경영 등을 다루게 된다.

시각예술경영(visual arts administration)

시각예술이란 회화, 조작, 판화, 소묘, 사진 등으로 시각으로 인식할 수 있는 작품을 표현하는 형태이다. 이를 위해 예술경영에서는 박물관과 갤러리 운영, 그리고 미술품 거래 관련한 사항을 연구하게 된다.

4. 예술경영학의 학문적 특성

예술경영은 극장이나 박물관, 미술관 등의 예술공간과 예술단체를 대상으로 한다는 협의의 기능적 요구로부터 출발한 셈이다. 예술계의 여러 현상과 문제들에 대해 경영학의 방법론을 빌어 과학적인 접근을 이룸으로써 효율성을 높이기 위한 목표를 갖는다. 이에 따라 기획과 프로그램 개발, 홍보와 마케팅, 인력 및 재무 관리, 조직 운영과 리더십 문제, 재원 조성과 관람객 개발 등에 집중되어 그 전문 영역이 통용되어 왔다고 하겠다. 그래서 예술경영이라는 것이 학술적인 성격의 학문이라기보다는 실무 영역에 해당하는 응용학문이라 하고, 인턴십이 중요하다거나 일종의 재교육 기능이 중시되는 것이라는 식의 이해가 보편화되어왔다(박신의, 2008).

좁은 의미의 경영학을 생각하자면, 사실 그것은 방법론이고 기법이며 툴이다. 따라서 예술경영에 필요한 만큼의 기능적 차용만을 고민하면 될 것이다. 그러나 넓은 의미의 경영학을 전제한다면, 그것은 사회적 관계 속에서 다양한 형태로 만들어지는 인간 활동과 조직에 대한 사유방식일 수도 있다는 점에서 내적 결합을 좀 더 깊이 있게 연구할 필요가 있게 된다. 피터 드러커는 「매니지먼트의 새로운 패러다임」(Management's new paradigms)이란 논문에서 매니지먼트의 대상 영역을 기업체를 초월한 사회의 개별제도(조직)에 확대 적용할 것을 주장하면서, 매니지먼트의 사회적 기능을 강조함으로써 경영학의 변화와 확장을 역설한 바 있다. 사실 경영학이라는 것이 사회생태적 변화에 가장 민감하게 대응하는 실천학문이라는 점을 상기한다면, 차라리 넓은 의미의 경영학적 관점을 생각하는 것이 더 옳은 일일지도 모른다. 그런 점에서라면 예술경영학은 경영학의 좁은 의미에서 결합한 수준임을 부인하기 힘들다. 한국사회에서 단기간에 성장한 예술경영의 연구 성과가 기능적 수준에 머물면서 경영 학의 내적 진화와 풍부한 사유를 아직 접목시키지 못한 부분이 있다는 것이다(박신의, 2009).

예술경영학의 인접학문

예술경영의 연구는 한국적 상황에서 볼 때 기본적으로 예술 현장의 요구로부터 시작한 것이지만, 연구 방법론에서는 경영학과 사회학, 경제학, 교육학 등의 접근을 필요로한다. 또한 예술 활동의 효과라는 측면에서 보면 도시계획과 지역학에 이르기까지 훨씬 다양한 분야와의 연계성이 가능해진다.

문화경제학은 예술경영학과 밀접한 관련을 맺는 학문분야이다. 문화경제학이라는 학문 분야가 자리를 잡게 되는 데 결정적 기여를 한 것은 1966년 발표된 보몰 (Baumol)과 보웬(Bowen)에 의한 '공연예술 : 경제적 딜렘마'(Performing Arts : The Economic Dilemma)라는 연구보고서라 할 수 있다. 이 보고서는 오늘날 공연예술(연극, 오페라, 음악, 무용 등)이 생산성 지체 등으로 재정적 문제를 맞고 있는데, 이를 어떻게 풀 것인가 하는 질문과 전망을 담고 있다. 해답은 여러 가지가 있지만 공공지원이 그 중 강력한 해결책으로 제시되면서, 이 보고서는 당시 정부가 예술을 지원하기 위한 이론적 근거가 되었다. 이후 문화경제학의 범위와 관심분야는 급속도로 확대되고 다양해지는데, 예술작품의 가격 결정 요인 분석이나 예술경제적 가치 분석, 예술 소비에 대한 연구 등 예술 분야의 내부적인 주제만이 아니라 관련 산업에 미치는 영향이나 문화산업으로서의 예술분야와 같은 본격적인 경제학 범위까지 연구는 확대되었다(이승엽, 2001; 박신의, 2008).

또 다른 예술경영의 인접학문은 문화연구이론(Cultural Studies)이다. 문화의 가치와 문화의 상품화가 새로운 관계를 갖도록 하는 데는 문화연구이론의 접근이 매우 유효하다고 할 수 있다. 스티븐 코너(Steven Connor)는 문화의 영역에서 가치의 근원은 경제학의 그것과는 상당히 다른 것이며, 따라서 문화의 관점에서 가치를 표현하는 수단도 경제에서 이용되는 것과는 다를 것이라고 전제한다. 이는 문화적 가치의 범위 및 이의 추정에 이용하는 방법은 비록 경제학에서 분석 모델을 설정할 때 경제학의 방법과 사고방식을 원용할 수 있다 하더라도, 그 문화적 가치를 충분히 설명하기 위해서는 문화 연구에 기본을 두어야 함을 강조하는 것이다. 결과적으로 21세기 문화예술경영에 학문적 기반으로서 문화 연구가 매우 중요하다고 할 수 있으며, 특히 제 3세계 예술과 민속문화, 인류학적 자산에 대한 올바른 이해를 할 수 있도록 하는데 견인차의 역할을 하게 될 수 있을 것이다. 만일 문화연구가 없다면 예술경영에서 이익 창출의 불가피성은 아무런 죄의식 없이 세계문화와 전통 예술을 상업화하는 것을 정당화하는 요인이 될 수 있다(박신의, 2008).

이외에도 21세기 예술경영의 인접학문으로는 예술사회학을 들 수 있다. 예술사회학(혹은 예술과 문학의 사회학)은 18세기 서구에서 독립된 개념으로 등장한 예술과 사회적 관계를 대상으로 사회학이라는 학문의 결합에서 근원을 찾을 수 있다. 이 양자 간의 결합을 통해 새로운 분과학문 예술사회학이 출현 가능하게 되었다(Albrecht, Barnett, & Griff, 1970; 양종회, 2005에서 재인용). 전통적으로 예술은 과학과 근본적으로 다른 지식의 영역에 포함되는 것으로 여겨져 왔다. 따라서 예술은 과학과 철저히 분리되는 경향이 있어왔다. 그러나 "인간은 사회적 동물이라는 사실과 지식의 존재구속성이라는 철학적 명제"는 예술을 이해 하는데 있어 예술의 바깥 영역, 특히 사회적 요인의 고찰을 필요로 하게 하였다. 이러한 필요에서 예술에 대한 사회학적 접근인 예술사회학이 출발하게 된다(양종 회, 2005). 사회학자들은 무엇이 예술이고 예술이 아닌지는 사회적으로 규정된다고 본다. 예컨대, 20세기 중반에 서구에서 등장한 '정크 아트(Junk Art)'는 산업폐기물을 소재로 하는데, 우리나라에서도 정크 아트 작품을 국립현대미술관에서 소장하고 있다. 알렉산더는 예술을 결정하는 기준은 절대적이지 않으며 매우 유동적이라고 주장한다. 알렉산더와 같은 예술 사회학자들은 전통적인 미학자들과는 달리 순수예술만이 아니라 사회에서 예술이라고 간주하는 모든 형태의 예술에 관심을 기울이고 있다. 전통적으로는 예술 작품의 진정성이 예술을 평가하는 기준이었다. 따라서 대중예술은 예술의 범주에 포함되기 어려울 뿐만 아니라 비판의 대상이 되어 왔다. 그러나 1970년대 중반 미국 사회학에서는 다수의 공동 작업을 거쳐 산업 시스템에서 창작되고, 생산되고, 유통·소비되는 상품으로서의 예술작품에 주목한 소위 문화생산학파가 등장하였다. 이들은 예술을 예술가라는 직업을 가진 생산자의 노동의 산물로 보고, 예술은 물질적이고 텍스트적이며 실체가 분명한 생산품이라고 보았다. 산업사회에서는 복제기술과 유통의 발달로 인하여 순수예술이든 대중예술이 든 모두 산업 체계를 통하여 생산되고 판매된다. 문화생산론의 장점은 생산 및 유통과정과 예술가라 불리지는 않지만 예술계에 종사하는 행위자들의 존재와 그들의 영향력을 연구 분야에 포함시켰다는 점이다(박신의, 2008).

연구방법 및 연구영역

연구방법론으로 일반적인 접근방식인 양적 연구와 질적 연구로 나누어 볼 수 있다. 양적 연구는 기본적으로 문화예술의 가치를 가능하면 정량화하기 위한 노력을 의미하는 것이고, 질적 연구는 궁극적으로 양적 연구로 충족 되지 않는 문화예술의 맥락을 설명하기 위한 노력을 의미한다고 볼 수 있다. 따라서 문화예술경영 연구에서 양적 연구가 매우 필요한 것은 사실이지만 그 자체로 절대화 할 수 없으며, 질적 연구가 중요하지만 또 그 자체로 충족될 수 없다는 사실을 전제하면서 그 두 가지 방법론 간의 긴장과 균형이 필요하다(박신의, 2014).

예술경영학에서 기본적으로 가장 많이 취급되는 연구영역은 비교 및 사례 연구, 영향 및 효과 연구, 관객 연구로 나눌 수 있다(박신의, 2014). '비교 및 사례 연구'는 문화예술에 대한 다양한 정책과 사업, 경영 사례 등에 대한 국가 간 혹은 기관 간 비교 및 사례 연구를 말한다. 특별히 비교 연구는 맥락의 차이와 배경에 대한 매우 정교한 방법론으로 접근해야 한다. '영향 및 효과 연구'는 문화예술사업 및 정책 타당성을 도출하기 위한 것으로 경제적 파급효과와 사회적 영향 연구 등이 가능하다. '관객 연구'는 관객 조사가 아니라 연구로서 관객에 대한 이해를 과학적으로 하기 위한 것이다(박신의, 2014).

박신의(2014)는 비교 및 사례연구, 효과 및 영향연구, 관객 연구의 영역들이 정부의 관련 정책결정에 영향을 미친다고 주장한다.

① 비교 및 사례연구

비교 및 사례연구는 사회과학적 연구방법론의 한 부류로서, 연구주제의 현상과 특징들을 비교하기 위해 질적 또는 양적 방법을 사용하여 연구를 수행하는 방법론을 말한다. 비교분석 대상의 사례로는 문화, 사회, 종교 등이 있고 분석방법으로는 세 가지 방법이 사용된다. 첫째, 사례적 비교(Illustrative comparison)는 가장 보편적인 방법으로 비교하고자 하는 주제나 집단들 간에 발견되는 사례나 특징들을 통계적 또는 기술적 방법으로 분석하는 방법이다. 둘째, 전사적비교(Complete or Universe comparison)는 연구의 모든 대상과 제반영역들을 포함시켜 비교하는 방식이다. 셋째, 표본적 비교(Sampled comparison)는 연구 집단에서 표본을 무작위로 추출하여 비교분석하고 그 결과를 일반화하는 방법이다(HRD 용어사전).

특별히 예술정책 분야에서의 비교 연구가 중요한 연구방법으로 제기되기 시작한 것은 실천적 관점과 이론적 관점에서 그 의미를 파악할 수 있다. 먼저 실천적인 차원에서 예술정책에 대한 국제 비교 연구는 비교 대상 국가들의 예술정책에 대한 이해를 높이고, 각 나라의 제도와 정책 수단들이 어떤 의미와 성과를 가져왔는지를 분석함으로써, 예술정책의 합리성과 효과성을 증진하는데 활용 될 수 있다. 또한 비교 연구는 정치적 목적으로 이루어지기도 한다. 예컨대, 예술 부문에 대한 정부의 지원을 확대하기 위한 근거로 혹은 특정제도를 도입하기 위한 정당성을 확보하기 위하여 비교연구 자료를 제시하는 경우가 여기에 해당한다. 그리고 이론적 차원에서 보자면, 정책 비교연구는 예술정책 현상에 대한 과학적인 비교분석을 통하여 현상을 설명하고 이에 관한 일반화된 이론을 형성하기 위하여 수행된다. 일반적으로 국가 간 비교연구란 문화예술에 대한 정보(시설, 인력, 시장, 재정, 예술기관 등)를 통합하여 통계치를 만들고, 이를 기반으로 국가 대 국가로 비교 분석하여 공통점과 차이점을 구별, 분석하여 현 문화예술의 수준을 파악하고 효과적인 문화예술정책 및 사업을 추진하기 위한 것으로 말할 수 있다(박신의, 2014).

이러한 전제 속에서 접근하는 비교 및 사례연구에서 가장 범하기 쉬운 오류는 비교 사례 간의 상호독립성이 확보되지 않은 가운데, 차이나 유사성에 대한 면밀한 분석 없이 성과를 중심으로 정책 및 사업의 일반화를 하는 경우이다. 이는 곧 비교 대상이 되는 정책이나 사업이 탄생하게된 배경, 그리고 그 국가나 사회의 전통과 특수성, 정책 환경의 차이 등을 고려하면서 정책 및 사업의 내적 필연성을 살피지 않을 경우를 말한다. 특히 국가 간 비교를 위해 대체로 G7 국가 (미국, 캐나다, 영국, 독일, 프랑스, 이태리, 일본)와 다른 선진 서유럽 경제국들(오스트리아, 네덜란드, 벨기에, 덴마크, 스웨덴 같은)와 호주와 뉴질랜드 같은 국가들에 매우 집중되어 있다는 점에서 그러한 오류를 범하기 쉽다. 결국 비교 연구를 하면서 한 국가의 문화특수성을 너무 쉽게 간과해버릴 위험에 노출되기 쉽다는 논리다. 따라서 국가 간 비교 연구를 위해 다음과 같은 질문은 필수적이다. 특정한 과정의 논리는 국가 간에 동일하게 적용될 수 있는가? 정책간섭의 효과가 국가 간 또는 국가 내에서 동일하게 나타나는가?

결과적으로 비교 및 사례 연구에서 중시해야 할 사항은 비교 대상 국가 및 기관 간의 환경 분석과 변화 요인 분석을 바탕으로 해야 하며, 특히 21세기에 들어 주어진 전반적인 사회문화 환경의 변화로 인한 문화예술 정책 트렌드에 대한 분석 능력을 갖추는 것도 필요하다. 정책 및 사업 사례의 성공과 실패에 대한 이해와 요인 분석을 과학적으로 진행함으로써 의사 결정에 객관성을 기할 수 있기 때문이다(박신의, 2014).

② 효과 및 영향연구

효과 및 영향연구는 문화예술 정책 및 사업이 갖는 타당성을 입증하기 위한 연구 영역이다. 이에 대한 연구로는 문화예술의 경제적 파급효과(Economic impact)와 사회적 영향(Social impact) 연구로 나뉠 수 있으며, 전자는 정량적 접근인 반면 후자는 정성적 접근이라 할 수 있다. 그러나 궁극적으로는 경제적 파급효과가 단순한 수치적 개념에만 작동하는 것이 아니라, 사회적 영향을 불러올 수 있다는 점, 그리고 그 반대의 관계도 가능하기 때문에 절대적인 구분이 주어지는 것은 아니다.

먼저 경제적 파급효과 연구는 일차적으로 문화예술에 대한 투자 대비 얼마만한 경제적 가치가 따라오느냐를 측정하는 것과 관련된다. 경제학 연구의 흐름 속에서 문화 분야를 연구 영역으로 확대하게 되면서, 외부 효과와 투자 간의 모순, 높은 불안정성을 내포하는 보수의 특성, 증가하는 한계 효용, 공공 혹은 민간 지원의 중요성 등 문화경제학의 초석을 이루는 개념들이 점진적으로 등장했다. 특히 1966년 보몰과 보웬의 공연예술에 대한 경제학적 분석을 시작으로 본격화되었다고 하겠다. 그중 가장 큰 성과는 보몰과 보웬의 분석으로 인해 공연예술의 내재적 시장 실패에 대한 증빙이 이루어짐으로써 공적 기금 투자의 당위성이 제기된 점이다(박신의, 2014).

예술의 경제적 파급효과의 측정은 예술의 경제적 가치를 측정하는 것을 의미하는 것으로 지출을 통한 지역사회 전반에 미치는 다양한 맥락의 파급효과를 말한다고 할 수 있다. 즉 예술소비(art-spending)에 대한 전체적인 재정 결과를 측정하는 방식으로 이에는 직접효과(direct effect), 간접효과(indirect effect), 유발효과(induced effect) 등의 접근이 있을 수 있다(박신의, 2014). 먼저 직접효과에 따른 편익(direct benefits)은 축제나 이벤트를 준비하고 개최하는 과정에서 발생하는 예술단체에 의한 지출에서 나온다. 즉 고용 창출과 임금 지불, 부대시설 등 공급비용, 입장료, 관람객 및 방문객에 의한 비용지출, 행사 관련 기념품 판매 등이 이에 해당한다. 간접효과에 따른 편익(indirect benefits)은 예술조직의 활동에 의해 간접적으로 발생하게 되는 일종의 스필오버(spill over) 효과로부터 발생된다. 일테면 예술 활동으로 인해 도시 브랜드가 강화된다거나, 지역 경제가 활성화된다거나 하는 경우를 말한다. 유발효과에 따른 편익(induced benefits)은 연관 예술 분야에 대한 파급효과로서, 일테면 지역축제로 인해 관련 전시회나 공연이 수익을 올리게 되는 경우를 말한다(Chong, 2002: 20). 여기서 주목할 지점은 직접효과 보다는 간접효과와 유발효과에 대한 측량을 어떻게 할 것인가에 있으며, 이러한 측면이 궁극적으로 예술의 경제적 가치를 설득하는 데 더 큰 효과가 있다고 보고, 궁극적으로 이 부분에서의 연구 방법론 개발이 절실하다고 할 수 있다(박신의, 2014).

경제적 효과 연구 결과를 활용함에 있어 정책상의 일반적 한계는 매우 쉽게 드러나 기도 한다. 먼저 예술의 경제적 중요성을 측정하려고 하였던 미국에서의 1980년대의 경제적 영향 연구가 가져왔던 논란을 예로 들고자 한다. 이러한 연구의 요점은 예술문화에 대한 소비 (교통, 숙박, 요식 등)가 다른 서비스 및 재화와 결합하여 이루어짐으로써 지역경제에 상당한 영향을 미친다는 것이다. 그러나 이러한 인과관계의 변수는 사실상 엄밀한 측정이 불가능하고 예술문화 활동이 경기에 미치는 영향을 지나치게 확대 해석할 수가 있다는 비판과 더불어 논란의 여지가 있었다. 고용에 대한 수치는 오해의 소지가 매우 컸으며, 예술과 관광산업 간의 관계는 전혀 증명되지 않았던 것이다. 그리고 도시 부흥에 대한 예술의 기여도 역시 과장된 것으로 나타났다(Bennett 1995). 게다가 경제적 영향 연구가 오히려 예술에 보다 많은 공공기 금의 투자를 촉구하는 사람들에게 피해를 주게 되는 상황도 불가피하게 발생하게 된다. 중요한 예술성과 가치적 논의를 부차적인 것으로 만들고 상업화에 굴복하게 만들게 됨은 물론이고, 자칫 예술의 도구화를 부추기고 이를 당연시하게 만드는 일이다(박신의, 2014).

다음으로 예술의 사회적 영향 연구는 1993년에서 1995년에 걸쳐 영국과 호주, 미국 등에서 시작된 것으로 기록된다. 초기 개념적 작업은 1993년 영국의 코메디아(Comedia)가 영국 예술 위원회의 지원을 받아 주도하였으며, 당시 예술을 통한 도시 재생 사업이 활발하게 전개되던 사회적 배경과 맞물려 촉발된 것으로 보고 있다. 또 호주에서는 데이드레 윌리엄스(Deidre Williams)가 1994년부터 진행된 커뮤니티 아트에 대한 장기적인 사회적 효과를 측정하게 되면서 최초의 경험적 조사를 실행한 것으로 평가받고 있다. 그리고 미국에서는 1994년 펜실베니아 대학에서 예술의 사회적 영향 프로젝트(SIAP, The Social Impact of the Arts Project)가 시행 되면서 연구의 기반이 마련되었다(박신의, 2014). 예술의 사회적 영향 연구는 경제적 파급효과와 달리 예술의 사회적 가치를 검증하기 위한 질적 연구방법론으로서, 예술 체험에 따른 개인의 인식 변화에서부터 실질적인 사회 변화를 촉매하는 데 기여하는 바를 객관적 사실이나 지표로 드러내는 것을 목표로 한다. 서구사회에서 1990년대는 문화정책의 이념적 지향점이 문화민주주의로 선회하는 시점이었으며, 당시 일련의 커뮤니티에 기반한 다양한 예술적 실천들이 사회적 갈등을 해소하고 지역 재생을 통해 지역 및 도시 발전에 기여한다는 공감대가 형성된 것과 연관된다(박신의, 2013a).

예술의 사회적 영향에 대한 정책적 관심은 실제로 예술이 어떻게 사회적으로 가치를 갖는지를 증명하고 드러내야 하는 요구와 맞닿아 있다. 1990년대 영국에서는 도시 재생에 따른 변화를 주도함에 있어 예술의 역할을 경제적, 사회적 효과 속에서 바라보기 시작한 것과 맞물려 촉발된 것으로 보고 있다.

다른 한편 미국의 정치학자 로버트 퍼트넘(Robert Putnam)의 사회 자본(social capital) 이론과 관련하여 사회 구성원의 상호 이익을 증진시키기 위한 조정과 협력을 촉진하는 네트워크와 규범, 사회적 신뢰 회복에 대한 절실함이 부각되던 상황도 연관성을 갖는다(Putnam, 1995). 전반적으로 공동체 의식의 부활이 중요한 의제로 공유되는 가운데 경제주의적 시각이나 신념을 대체할 사회적 가치가 대두되던 시기였다는 것이다.

이러한 사회적 분위기를 통해 영국이나 미국, 그리고 호주에서 공동체 의식의 고취와 이에 따른 사회 통합기능을 문화예술을 통해 이루려는 노력이 일정하게 예술의 사회적 영향 연구와 평가에 대한 학문적 접근을 유도하였다고 볼 수 있다. 동시에 문화정책의 측면에서는 엘리트 예술의 보급을 중심으로 하던 기존의 '문화의 민주화'에 따른 입장을 넘어, 문화의 다양성을 존중 하고 사회계층의 다양한 문화적 분출과 표현에 주목하면서 궁극적으로는 지역주민의 참여를 통해 지역사회의 이슈와 문제를 직접 해결해 가는 과정으로서의 예술 활동을 거론하게 된 것이다.

또한 예술의 다양한 사회적 효과가 구현되는 과정에서 그것이 갖는 의미를 단순히 경제적 파급 효과로만 보지 않고 공동체 의식과 지역적 자부심, 사회적 관계를 드러내는 지점을 중시하도록 만들었다(Williams, 1997; Matarasso, 1997; Reeves, 2002). 1997년에 유럽문화발전테스크포스(The European Task Force on Culture and Development)가 다음과 같이 직접적 영향과 간접적 영향을 분류함에 따라 문제 접근이 다소 용이해지기도 했다(박신의, 2014).

〈표8〉 문화예술의 사회에 대한 기여

구분	내용
직접적 사회영향	• 문화예술은 '사회적으로 가치 있는' 활동으로서 사람들의 사고를 '고양'시키고 그들의 심리 및 사회 복지에 긍정적으로 기여하며, 감수성을 발달시킨다.
간접적 사회영향	• 예술은 공공 편의시설을 만족스럽게 하거나 활기 넘치게 만듦으로써 사회적 환경을 풍요롭게 한다. • 예술은 '문명화' 효과와 사회적 조직(아마추어 예술 등)의 자원이 된다. • 예술 활동은 창의성을 고무함으로써 기존의 사유방식을 넘어서게 하고 혁신을 가능케 한다. • 예술작품과 문화 산물은 커뮤니티의 집단적 '기억'이며, 미래 세대를 위한 창의적이고 지적인 아이디어를 보존하는 데 기여한다. • 문화예술 제도는 삶의 질을 개선하고, 도시 영역에서 개인적 안전을 강화하며 길거리 폭력과 범죄를 감소시킨다.

자료: The European Task Force on Culture and Development, 1997. 박신의(2014) 재인용.

그러나 정의가 갖는 경계의 모호함과 더불어 실제 사회적 영향에 대한 측정의 어려움은 당시 논란거리로 대두되었다. 9) 공적 기금을 지원받은 문화예술 분야에서 진행한 프로그램과 프로젝트가 가치와 영향력을 분명하게 드러내는 일은 정책적 요구사항이기도 했지만, 산출(output)보다는 성과(outcome)를 측정하고자 하는 연구자의 노력이 쉽게 설득되기 어려웠기 때문이다. 여전히 실제 데이터와 증거가 부족하고 게다가 평가를 위한 체계를 만드는 일도 불충분한 상황이었다. 이에 따라 그나마 작은 규모의 샘플을 조사하고, 자기보고적 측정과 일반적 방식의 사례 연구를 토대로 가능한 분석을 시도하는 경우가 대부분이었다. 결과적으로 보다 객관적이고 설득력 있는 영향관계를 규명할 방법론에 대한 논의가 집중되면서 미셸 리브즈(Michelle Reeves)는 그간에 진행된 문헌연구를 토대로 다음과 같은 진전된 내용을 정리하게 된다(Reeves, 2002).

• 예술적 성과 측정을 보강할 수 있는 개념과 정의의 필요성 • 방법론, 양적 데이터와 질적 기술 및 내러티브를 기반으로 한 영향 및 성과 측정과 다층적 가치에 대한 접근 수용 • 프로젝트로부터 축적되는 전략적 성과(strategic outcomes, 고용 창출과 같은 즉각적 영향의 결과)와 매개적 성과(intermediate outcomes, 지역사회의 발전, 범죄율 감소, 사회적 결속력 증대, 삶의 질의 개선 등 장기적이고 비정형적인 형태의 성과) 사이의 관계를 설정 • 개입의 다양한 차원과 단체 및 실행세력의 다양한 규모를 비교할 수 있도록 방법론을 표준화하고, 그러나 고유한 맥락과 섹터/서브섹터의 니즈와 우선권, 타겟 그룹의 유연성을 허용하는 한에서의 표준화 • 면밀한 평가, 사례연구, 그리고 프로젝트의 과정과 성공적인 성과 및 실행에 영향을 준 요소에 관한 이해를 높이기 위한 충실한 자료 제공 • 성과를 지속하고 개입에 따른 장기적 변화과정을 다룬 종적 연구의 필요성

③ 관객연구

세 번째로 관객연구(audience studies)는 문화예술경영의 핵심 연구주제라 할 수 있다. 관객은 누구이며, 무엇을 원하며 무엇을 원하지 않는지, 그들의 다양한 의사 결정 행태는 어떠한지를 알아냄으로써 문화예술경영의 목표가 가장 효율적으로 달성될 수 있다고 보기 때문이다. 따라서 관객 연구에는 사회학적 방법론에 심리학과 다양한 인지학 관련한 접근이 주

로 사용된다. 물론 여기서 관객 연구는 일반적으로 조사(survey) 방법을 통해 이루어지는 것을 포함 한다. 즉 관객 자체에 대한 연구를 다각적으로 시도하면서 관객 행동 연구의 형태로 이루어지는 것을 기반으로, 실질적인 취향 변화나 만족도 조사, 동기 부여 연구 등의 관객 조사활동 (audience surveys)이 그 대상이라는 것이다.

관련 활동 및 인적구성의 비교 : 학회구성, 전문가 단체 등

미국의 경우는 컨벤션, 전시관운영은 호텔-컨벤션 경영학과에서 가르치고, 공연기획이나 무대디자인의 경우는 예술대학원에서 가르친다. 미술관 운영을 비롯한 예술경영은 별도의 예술경영학과가 있으며, 경영대학원에서 가르치는 것은 연예산업매니지먼트이다. MBA과정 중에 연예매니지먼트 과정이 있고, 4년제 학부과정은 뉴욕대를 비롯해 몇 군데가 있다.

미국, 영국 등 해외 대학에서 예술경영관련 학위과정을 이수하고 귀국하여 일하던 사람들이 이 단어를 즐겨 활용했다. 비슷한 시기에 단국대학교, 중앙대학교, 한국예술종합학교 무용원 등에 관련 전공과정이 생기면서, '예술경영'은 좀 더 보편적인 용어로 자리 잡았고, 국공립 공연장을 비롯한 예술현장을 중심으로 점차 확산되었다.

5. 예술경영학의 최근 동향

예술경영은 예술이 갖는 자기 성찰력과 자기 변화력, 그리고 창의성을 사회화하는 활동이다. 이를 위해 다양한 매개 활동(극장, 박물관, 미술관이라는 시설을 매개로, 그리고 기획과 교육, 마케팅 등의 활동을 매개로)을 통해 보급하고, 그것이 갖는 문화적 가치와 사회적 효과를 극대화하는 데활동의 목표가 있다고 할 수 있다. 그런 점에서 예술경영학은 실천적인 학문이라 하겠다. 그리고 예술 활동이 벌어지는 생생한 현장에 근거하기 때문에 실무에 기반한 실용학문이기도 하다. 그러나 그 자체로 학문적 한계가 발생하는 것은 결코 아니라고 본다. 오히려 실용학문이어서 더욱 매력 적인 것이라 할 수 있다. 그것은 곧 환경 변화를 민감하게 포착하고, 그에 대한 능동적이고 적극적인 대응을 모색한다는 점에서 그렇다. 동시에 자신을 단일한 분과학문으로 규정하지 않고, 그 방법론을 열어놓으며, 다양한 적용과 응용을 가능하게 만든다는 점에서 늘 새로운 학문적 기반을 만들어갈 수있는 가능성을 안고 있다고 하겠다. 그러면서 궁극적으로는 문화적 가치를 잃지 않는다는 점에서 언제나 창의적인 접근을 요구하는 학문이라는 사실이 흥미롭다. 예술경영학의 그런 면모가 통섭을 이야기하고, 네트워킹을 통한 연대를 강조하는 21세기에 걸맞는 모습이라는 생각을 하게 만든다. 물론 어디까지 예술경영학이 가능한가, 그것의 존재론적 근거는 어떻게 설명할 것인가의 문제는 쟁점으로 남을 수 있다. 그러나 학문적으로 열려있음에 주목함으로써 그 범주와 영역을 확대해 가고, 다양한 가치를 생산해 내는 '실천적인 미션'을 더욱 새롭게 이루어내는 점을 주목했으면 한다. 이에 따라 방법론 상에서 통합과 융합의 관점을 필요로 하고 있으며, 예술경영의 원리를 다양한 사회관계로 적용함으로써 그 학적 기반과 전망을 만들어 가야 할 내적 요구를 직시하기를 원한다.

이제 문화예술경영의 새로운 지평을 통합과 융합의 코드로 접근하면서 그 쟁점과 구체적인 적용을 시도하는 일이 연구영역과 예술현장에서 진행될 수 있기를 바란다. 점차로 문화예술경영학의 존립근거가 학제간 연구를 통해 확고해 질 것이라고 생각하며, 이를 통해 21세기적 전망을 담아내는 다양한 방법론과 지식 체계를 이루어가리라 믿기 때문이다(박신의,

2008).

예술경영은 패트론의 의뢰와 주문제작에 의해 예술작품이 제작되는 수준을 넘어 예술가의 자율적인 판단과 실험적이고 자유로운 표현 영역의 개척을 보장하는 가운데, 인류의 문화유산으로서의 창작성과물의 발전을 도모하고 그러면서 향유의 기회를 확대하며, 그것의 사회적 가치를 극대화하는 일을 자신의 활동 목표로 설정해야 한다는 것이고, 이 지점에서 예술제도와의 관계를 피해갈 수 없게 되는 것이다. 실제로 여러 경우를 따져보면 예술경영의 문제는 간단치 않다. 만일 어느 공립미술관에서 전시 예산이 삭감되고 대규모 전시를 기획하기 힘들다고 해서 상업적인 기획사에 외주를 주어 세계적으로 유명한 작가의 전시회를 유치하고, 입장료를 높게 책정함으로써 손익분기점을 넘어 기획사가 큰 수익을 갖게 했다면 그러한 의사결정이 정당화될 수 있을까? 일단 이 경우 미술관 관장에게는 국제적 규모의 전시를 예산 범위 내에서 열었고 비록 입장료는 비쌌지만 많은 사람들이 관람하면서 미술관 관람객 수가 놀라울 정도로 급증하였고, 게다가 공립미술관이 이루어야 할 시민의 문화 향유 기회 확대라는 성과를 올린 것으로 평가가 주어질 수 있다. 하지만 그런 식의 경영이 지속되면 실제로는 미술관의 전문성에서 큰 손해를 피하기 힘들게 된다. 장기간 미술관을 외부 기획사에 넘겨준 셈이나 마찬가지가 되므로 일단 미술관 큐레이터들은 자체 기획을 할 필요가 없어지고 단순히 전시장 관리나 서비스 프로그램 기획 정도로 그들의 역할이 축소될 것이다. 또 국제 규모의 전시회를 기획할 수있는 미술관 자체의 역량이 축적되지 않기 때문에 이 미술관은 국제적으로 경쟁력을 갖기 힘들게 된다. 그리고 더욱 큰 문제는 미술관 본연의 역할이라 할 작가 발굴과 현대미술의 새로운 담론 형성을 위한 기획 능력을 상실한다는 점이다. 그렇다면 최악의 시나리오는 미술관 자체의 역할을 더 이상 기획과 작가 발굴을 통한 한국 현대미술의 발전과 경쟁력 확보에 두지 않고 전시장 관리 기능으로 규정 하게 되며, 이에 따라 관장과 큐레이터들은 굳이 전문성을 갖지 않아도 되는 상황으로 전개될 수 있다. 이런 경우는 공연예술에도 그대로 적용될 수 있는데, 재정자립도를 우선하여 예술의 질적 성장과 경쟁력이라는 목표가 위축되는 결과를 낳게 될 소지를 안게 될 가능성이 다분하다는 것이다. 여기서 특정 시설을 지목하지는 않겠지만 실제로 이런 경우는 엄연히 존재하고 있다. 그리고 앞서 한스 하케가 지적한 문제도 바로 이런 상황을 염두에 둔 것이라 할 수 있다. 일반적인 경영마인드를 갖는 정도로는 예술제도 내에서 벌어지는 예술 발전의 내적 논리나 역학관계가 섬세하게 읽혀지지 않을 수 있기 때문이다(박신의, 2009).

무엇보다도 예술경영이 경영학적 접근과 결합을 통해 탄생한 것이지만, 실제로 예술제도 내적인 원리와 역학관계를 충분히 고려하기 보다는 전통적 개념의 경영학적 기법과 툴이 기능적으로만 적용되어 온 점을 돌이켜볼 수 있었다. 특히 제도 자체를 중립적 이고 중성적이며 비정치적으로 보는 관점이라면, 문화예술경영의 접근은 좁아질 수밖에 없다는 사실에 주목해야 할 것 같다. 일반적으로 문화예술경영을 문화예술 활동에 경영학 기법을 대입하여 효율성을 목표한다는 실용주의적 표현에 준하여 설명 하지만, 이는 곧 문화예술경영의 궁극적 목표가 되기 어렵기 때문이다. 오히려 이러한 기법을 활용하여 실제로는 예술을 발전시키고, 이를 사회에 널리 보급하며 향유 하도록 하는 전 과정에서의 정치적 선택이 문화예술경영을 가능케 한다는 사실이 강조되어야 할 것이다. 또한 문화예술경영의 근거를 기술할 때도, 경영학적 툴과 예술 제도, 바로 이 두개의 고유 영역을 가로지르며 갈등과 충돌, 그리고 화합을 정확히 묘사할 필요가 있다고 본다(박신의, 2009).

제4장 경영미학

1. 경영미학의 개념

경영미학(management aesthetics)이란?

경영미학은 기업경영에 예술을 도입하여 기업경영의 효과성을 높이려는 경영활동으로 좀더 세부적으로 표현하면 "경영에 예술 콘텐츠와 예술 방법론 등 예술의 요소를 적용하여 기업과 조직의 혁신과 창의성을 향상시키는 일련의 경영활동"으로 정의할 수 있다.

김소영 등(2013)은 경영미학을 예술기반창조경영이라 부르며, 예술을 지식의 한 분야라고 한다면 지식경영의 일부라고도 할 수 있겠지만 예술을 직접 경영 현실에서 활용하는 것이 어렵기 때문에 예술을 경영에서 활용할 수 있도록 변환시켜주는 과정(방법론)을 포함하여 조직에 예술을 적용하여 창조성을 향상시킬 수 있도록 하는 모든 활동이라고 정의하였다.

[그림11] 경영패러다임과 예술기반창조경영의 개념적 위치

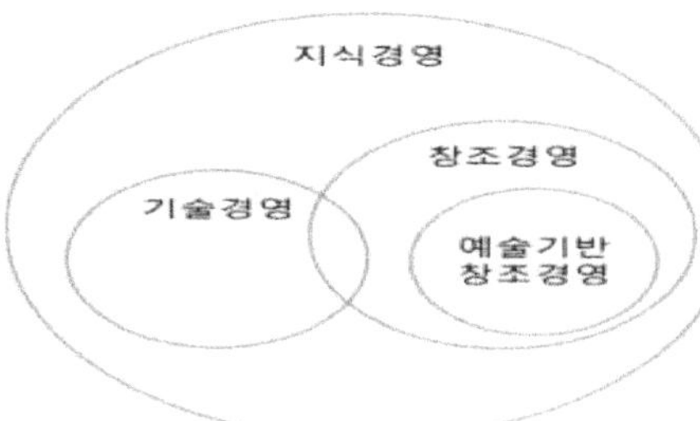

자료 : 김소영 등(2013)

1980년대 초반까지 생산성 중심의 경영이 수십 년 동안 기업 경영의 중심이 되어 왔다. 이어서 등장한 품질경영은 기존

생산성 중심 기업경영 체제의 문제점을 보완하고, 질적인 효율성을 향상시키는 경영 패러다임의 전환을 가져왔다. 그러나 1990년대 중반 이후 디지털 경제와 지식 사회가 본격화되면서, 이전과는 차원을 달리하는 새로운 경영 패러다임이 등장하였다. 이것이 바로 전통적인 생산성과 효율성의 패러다임을 뛰어넘는 혁신과 창의경영이다. 이에 따라 글로벌 시대의 글로벌 기업 경영에 필요한 다양한 문화에 대한 이해와 문화적 접근을 통한 창의성의 개발, 다양한 인력 관리라는 요구가 등장하고, 상상력과 스토리를 담은 제품·서비스의 창출에 대한 우위 선점, 창의적 조직문화와 리더의 역할에 대한 강조와 더불어 경계 없는 경영의 확장이라는 논리 속에서 통합 관리 역량을 내세우게 되었다.

최근 들어 급증하는 기업의 문화예술마케팅이나, 기업 내 작업 환경과 조직 내에 창의적 분위기를 조성하기 위한 예술 프로그램 운영 등은 이를 설명할 가장 적절한 사례라 할 수 있다. 이러한 변화와 함께 실제로 기업 경영에서 인문학적 성과와 문화예술 분야에서의 체험 등을 결합하면서 일종의 '예술 마인드'를 부각시키는 흐름을 만들어갔다. 무엇보다도 '창의성'이라는 개념 자체가 예술에서 비롯하는 것이고, 또 예술에 대한 이해 자체가 인간의 삶을 총체적인 관점에서 바라봄으로써 가능한 것인데, 여기서 광의의 개념으로 적용되는 한에서 경영학 자체가 진화하는 것으로 볼 수 있는 것이다. 실제로 경영학이나 조직 행동양식 연구에서 창의성을 적용한다는 것은 이미 좁은 의미의 경영학을 제한하는 것이 아니다. 창의성 자체가 다양한 학문 분야에서 다양한 관점으로 연구된 것이어서, 최소한 경영학에서 창의성에 주목한다는 사실은 곧

경영학 자체도 학제 간 연구의 틀을 수용한다는 의미가 된다. 그런 점에서 사회학적 접근이 강화되고, 특히 가레스 모르건(Gareth Morgan) 과 깁슨 버렐(Gibson Burrell)의 연구에 의한 조직 사회학의 접근과 해석은 매우 흥미로운 지점들을 드러내고 있다. 가레스 모르건은 사회이론 연구에 바탕을 두고 이를 조직 이론에 독창적으로 접근함에 따라, 조직에 대한 전통적인 사고와 규정을 창의적이고 상상력이 넘치는 해석을 통해 뛰어넘게 한 인물이다. 특히 그의 저서『조직의 이미지(Images of Organization)』는 기계적이고 생물학적인 이미지에 기초하던 전통적인 생각들에 대해 전적으로 새로운 사고를 창조적으로 주도하도록 독려하고 있다. 그러나 '창의성'이라는 개념은 조직 분석을 위해 사용할 수 있는 측정기준을 제공하는 것이 아니다. 이에 따라 창의성은 분석적인 영역이라기보다는 수사학적인 성격을 갖는다고 보고, 바로 이러한 지점에서 조직 현실에 관한 새로운 사유로서 은유(metaphors)에 기초하여 설명하는 방식을 취한다. 은유의 사용은 우리가 세계를 일반적으로 이해하고 있는 방식에 만연되어 있는 하나의 사고방식, 또는 하나의 시각방식을 의미한다. 이에 따라 조직을 새롭게 바라볼 경우, 예전처럼 정형화된 기법이나 매뉴얼을 제시하는 것이 아니라, 오히려 카오스와 복잡성, 비결정론적인 사고를 통해 복잡하고도 모순적인 형태로 조직을 바라보게 된다는 것이다. 조직현실의 복잡하고도 모순적인 성질을 이해하기 위해 상이한 은유들을 사용함으로써 우리는 예전에는 미처 상상할 수 없었던 방식으로 조직을 관리하고 개발할 수 있게 되는 것이다(박신의, 2009).

경제 성장률의 지속적인 감소에 따라 기업이 창조적 조직으로 전환해야만 생존할 수 있게 되었으며 따라서 창의조직을 만들고 운영하는 창의경영의 중요성 또한 강조 되고 있는 것이다. 이것이야말로 저성장 시대를 대비하는 기업의 생존 전략의 하나로 생각될 수 있다. 이와 함께 경제성장의 중요한 투입 요소가 노동에서 환경으로, 환경에서 기술로, 그리고 기술에서 예술로 변화하고 있다. 이것은 예술이 마지막 남은 경제 성장의 원천이 되었다는 것을 뜻함과 동시에 성장을 위해서는 더 많은 비용이 소모될 수밖에 없다는 것을 의미하기도 한다. 과거와 같이 쉽게 성장할 수 있는 시대가 지나간 것이다. 또한 창조적인 성과가 지속되는 기간이 단축됨으로써 창조성에 대한 지속적인 관리가 필요하게 되었다. 일회적 또는 우연적인 창조성, 그리고 기업 외부에서의 창조성 공급만으로는 기업을 성장시킬 수 없게 된 것이다. 따라서 기업 내부의 적극적이고 선제적인 방법이 필요로 하게 되었고, 이러한 맥락에서 창조경제시대의 주요한 흐름 중 하나로 예술기반창조경영에 대한 관심이 고조되었다(김소정 등, 2013).

경영미학의 다른 이름들

경영미학은 예술기반경영 외에도 다양하게 불린다. 테일러(2005)는 조직미학(Organizational Aesthetics)으로 보았으며, Sciuma(2009)는 예술기반 이니셔티브(Art-Based Initiatives)라는 용어를 사용하였다. 또 한국에서는 예술기반창조경영으로 불리기도 한다(김소영 등, 2013).

Tip

문화경영

경영미학과 유사한 개념으로는 '문화경영(culture management)'이 있다. 문화경영은 독일어권 국가에서 많이 통용되고 있는 개념이다. 이 독일어권에서 많이 사용되고 있는 문화경영은 예술조직을 중심으로 한 예술경영뿐 아니라 기업문화형성, 기업이미지 통합관리, 기업임직원을 위한 문화적 공급 등 다양한 영역까지 다루고 있다. 2000년대 이후부터 국내 기업들을 중심으로 이른바 '문화경영'운동이 확산되고 있다. 여기서 말하는 문화경영은 기존의 '예술경영'과는 전혀 다른 말이다. 현재 국내 언론매체나 기업현장에서 자주 사용하는 '문화경영'이라는 용어는 기업이 일반경영 과정에서 문화적인 프로그램이나 전략을 활용하는 것을 뜻한다. 종래의 예술경영이 경영학에서 발전하는 여러 이론체계와 기법을 예술현장에 적용하는 것과는 반대로, 예술 현장의 논리라고 할 수 있는 창의성이나 감수성을 경영현장에 적용시키는 현상이라고 할 수 있다.

기업은 왜 예술을 지원할까?

기업이 예술을 지원하는 것은 자선적 관점에서 후원하는 정도에서 점차 경영의 한 수단으로 발전하고 있다. 그러면 왜 예술은 기업에서 경영의 한 수단으로 사용되고 있는 것일까? 일반적으로 기업들이 예술을 지원하는 이유를 살펴보면 다음과 같다.

첫째, 기업 이미지 제고를 위해서이다. 기업이 생산하는 제품에 대한 것일 수도 있고 기업 전체 이미지 개선을 위해서일수도 있다. 담배를 생산하는 KT&G의 홍대에 있는 'KT&G

상상 마당', 강남에 있는 'KT&G상상아트홀', 충남 논산에 있는 'KT&G 상상마당 논산' 등이 하나의 예이다.

둘째, 마케팅과 홍보를 위해서이다. 문화예술 활동을 통하면 비교적 언론에 기업을 노출시키기가 용이하며, 고객들에게도 색다른 관점에서 관심 있게 기업을 볼 수 있는 가능성이 높아진다.

셋째, 지역 주민들과의 연계강화를 위해서이다. 지역에 기반을 두고 있는 기업의 경우 지역의 협력을 얻어야 하는 경우가 많다. 지역과의 친밀함을 유도하기 위해 예술을 활용하기도 한다.

넷째, 고객서비스향상을 위해서이다. 고객지향관리(Customer Relation Management: CRM) 관점에서 VIP나 주요 고객들을 관리하기 위한 마케팅 방법으로 활용할 수 있다. 예매 할인혜택이나 고객초빙 특별공연 등이 그 예이다.

다섯째, 직원들의 복지향상 차원에서이다. 직원과 가족들을 대상으로 공연에 초청하거나 동아리 참여를 유도함으로써 직원들의 복지향상과 소속감을 향상시키기 위함이다. 이러한 복지향상은 결과적으로 기업의 높은 성과로 이어질 수 있다(이은미, 2018).

여섯 번째는 기업의 혁신을 위해서이다. 창의 및 혁신사회로의 진전과 최근 부각되고 있는 4차 산업혁명의 산업적 환경의 변화는 기업으로 하여금 창의성과 혁신을 기업의 가장 중요한 경쟁력 요소로 간주하도록 하고 있다. 이에 따라 기업은 창의성과 혁신을 높이기 위한 방안을 찾는 노력에 온 힘을 다하고 있고, 최근의 이러한 노력 중 하나가 기업 경영에 예술을 도입하는 것이다. 기업경영과 예술의 관계의 밀접성은 주위 기업 경영을 떠올리면 쉽게 파악할 수 있다. 예를 들어, 디자인, 음악미술을 활용한 광고, 예술성을 활용한 높은 가격,

예술을 통한 직원화합, 예술을 통한 고객과의 의사소통, 예술을 통한 기업이미지 제고, 예술을 통한 종업원의 내적 안정감이나 스트레스 해소, 창의성 증진, 복지로의 활용, 음악구호, 그림걸기 등이 그것이다(한은수, 2018).

2. 경영미학의 등장 배경 및 발전

초기 단계의 경영미학

초기 단계에서의 경영미학(예술기반경영)은 주로 마케팅 목적으로 이용되었고, 간접적인 활동이 주를 이뤘다. 즉 자동차나 가구같이 제품의 디자인이 중요한 산업분야에서는 예술적 요소(색, 재료 등)를 제품에 반영하여 마케팅의 목적으로 이용하는 것이 일반적이었으며, 또는 기업이 예술작품을 사는 것과 같은 재무적 목적이나, 예술가 또는 문화이벤트를 후원하여 기업을 홍보하는 목적이었다. 예를 들어 General Motors는 “우리는 예술경영(the art business)을 하고 있으며, 예술과 엔터테인먼트 그리고 움직이는 조각품을 운송수단으로 제공한다"(Hakim,2004)라고 말할 정도였다. 또는 직원들의 업무공간을 편안하고 창의력을 자극하는 분위기로 바꾸기 위해 사무실이나 로비에 예술작품을 배치한다던가, 예술적 요소(색, 구성, 배치 등)를 반영하여 사무실을 꾸미고, 직원복지차원에서 예술 공연 및 전시회를 관람하는 등 간접적인 활동들이 주로 사용되어 왔다.

경영미학의 본격적인 등장

초기 단계를 벗어난 경영미학의 발전은 1990년대에 이르러 본격적으로 일어났다. 1990년대 IT기술혁명은 경영미학, 즉 예술기반경영이 조직관리의 차원에서 직접적으로 이용되도록 하는 기폭제 역할을 하였다. IT기술혁명과 함께 발생한 급격한 변화 속에서 기업의 경쟁력을 유지하기 위해 기업은 조직원들에게 많은 기술들을 익힐 것을 요구하게 되었고, 직원들의 기술개발(Skill Development)등 조직관리 차원에서 예술이 사용되기 시작했다(Lois Bartelme, 2005). 예술과정, 예술조직, 예술작품 등 예술을 통해 직접 배우고, 느끼고, 표현하는 직접적인 활동이 증가해 왔다. 그리고 적용되는 분야도 다양해지며, 최근의 예술기반경영 활동들은 리더십개발, 창의성발휘, 커뮤니케이션 및 프리젠테이션 기술향상, 기업의 가치 및 비전 표현과 전달, 그리고 정보의 전달 등의 차원에서 예술을 이용하고 있다.

기업은 예술을 통해 비전을 그림으로 제시하거나, 시를 통해 회사의 상황을 깊이 이해하고 기업의 미션을 더 자세히 표현하기도 하고, 음악 앙상블을 통해 협력을 유도하여 높은 성과를 내는 방법을 배우기도 하며, 재즈연주를 통해 급격한 변화에 대처하는 관리능력을 강화하기도 한다. 또 그래픽 레코딩에 의해서 발표 내용을 잘 전달하고 이해를 촉진시킴과 동시에 창의적 사고를 가능하게 하기도 한다.

결과적으로 전통적으로 예술은 경영에 의해 후원, 투자를 받는 존재로 예술과 경영이 별개의 존재로 인식되어 왔으나, 오늘날 경영은 급변하는 복잡한 환경 속에서 보편성(관료적 시스템 등)으로는 도저히 독해할 수 없는 특수성(세분화되는 고객 등)의 문제를 창의적으로 돌파해 나가기 위해 예술에 도움을 요청한 상황으로 볼 수 있다(장대철, 2012). 특히 최근에 경영미학이 관심을 끄는 것은 경영환경이 예측불가능하고 복잡해지면서 창의력 및 혁신이 기업의 경쟁력 유지에 필수 불가결한 요소가 되었고, 이에 따라 창의적 프로세스에 가장 적합한 예술의 영역이 경영에 도입되었기 때문이다. 그리고 또한 조직구성원들을 어떻게 고양시키고, 에너지를 부여하며, 감흥을 주어 업무환경에서 혁신과 변화의 주체로 활동할 수 있도록 하는 가에 기업의 인사관리자들이 눈을 돌리면서 이를 가능하게 해줄 수 있는 영역으로서 예술을 선택하고 있다(양재현, 2015).

지오바니 슈마(Giovanni Schiuma, 2011)는 예술기반경영의 등장 배경으로서 다음과 같은 후기경영을 특징짓는 경영적 도전 과제에서 찾는다.

첫째, 조직의 부의 창출을 주주의 가치로 설명하는 데의 부적절성과 모든 이해관계자들 간의 상호의존성에 대한 인식이 필요하다. 둘째, 호감이 가고 권한 부여적 조직을 창출함으로써 사람의 에너지를 이끌어내는 것이 요구되고 있다. 셋째, 기업 내에서 감성을 촉진하는 것이 필요하다. 넷째, 지역사회와 시민정신을 반영하는 조직문화를 개발해야 한다. 다섯째, 인간의 본성과 일치된 경영철학의 도입이 요구된다. 여섯째, 계층적 구조를 극복하고 긴밀한 협력을 촉진하도록 권력을 재분배할 필요가 있다. 일곱째, 권력을 가치성과(value performance)에 연계하고 권한을 사람들의 가치기여(value contribution)에 연계하도록 해야한다. 여덟째, 불안감과 두려움의 감소 및 부정적인 감정의 조절이 필요하다. 아홉째, 위험감수 문화를 촉진하고, 직원들이 반대하고 자신을 표현하는 것에 대한 자유를 허락해야한다. 열 번째, 기업 내 다양성을 도입함으로써 변화를 창출해야한다. 열한 번째, 대화와 정보의 흐름을 촉진하고, 의사결정의 자유를 지원해야한다. 열두 번째, 네트워킹을 도모하고 그들의 능력을 역동적으로 변화시킬 수 있는 유연한 조직의 창조가 필요하다. 열세 번째, 지속성보다는 변화가 경영과정에서 더 중요하다는 것을 분명히 하고, 과거 추세 지향적이 아닌 미래 지향적인 접근법과 상상력을 개발할 필요가 있다. 열네 번째, 정체성과 소속감을 구축해야한다. 열다섯 번째, 미래의 조직 방향결정에 참여를 중시하는 사회적 지적 능력을 개발해야 한다. 열여섯 번째, 직원들의 최선을 다하도록 열정을 불러일으키도록 해야 한다. 열일곱 번째, 직원들의 창의력을 촉발하고 유지시키며, 최고의 아이디어와 프로젝트를 위해 내부시장을 촉진해야 한다. 열여덟 번째, 명령-통제 시스템을 신뢰를 촉진하는 약속시스템(commitment)으로 변화시켜야 한다. 열아홉 번째, 자기훈련과 자기평가를 장려해야한다. 스무 번째, 집단지성(collective wisdom)을 통해 직원들로 하여금 기업의 행동과 비전에 대한 의미를 이끌어내야 한다. 스물한 번째, 상명하달식 통제방식에서 동료평가 체제로 전환해야 한다. 스물두 번째, 전통적인 전략적 계획을 넘어서 조직을 더 적응력 있고 탄력적으로 만드는 새롭고 진화하는 전략개발을 촉진해야 한다. 스물세 번째, 진정으로 인간적인 조직을 창조해야 한다. 스물네 번째, 직원들이 그들의 삶을 개선하고 더 나은 사고를 할 수 있도록 훈련시켜야 한다. 스물다섯 번째, 실험과 상향식 이니셔티브를 장려함으로써 혁신이 모든 사람의 직무가 되도록 해야 한다. 스물여섯 번째, 경영을 사람들의 필요와 욕구에 가깝게 만들어가야 한다. 스물여덟 번째, 명예, 신뢰, 사랑, 정의, 아름다움과 같은 감정을 경영에 접목시켜야 한다. 스물아홉 번째, 장기적인 가치창출을 장려하는 인센티브 시스템을 구현해야 한다.

결과적으로 지오바니슈마는 지금의 시대는 과거와는 다른 창의와 혁신을 요구하고 있고 이는 창의와 혁신의 근원으로서 예술을 경영으로 끌어들이고 있다는 것이다.

한편, 김소영 등(2013)은 경영미학을 예술기반창조경영이라 부르며 이의 등장 배경을 창의적 기업의 경쟁력, 마케팅환경의 변화 그리고 기업의 사회적 책임경영에 대한 중요성 증대의 3가지 측면에서 다음과 같이 설명한다.

첫 번째는 창의적 기업의 경쟁력 관점에서이다. 개인과 조직의 창의성이 경쟁력이 되는 창조경제시대에서 기업은 창의적 직원, 창의적 기업문화로 무장한 창의적 기업경영에 대해서 많은 관심을 가지고 있다. 톰 피터스는 21세기 창의적 직원, 창의적 기업문화로 무장한 창의적 기업의 경쟁력이 중요함을 주장하였고, Baruch Lev(2001)은 새로운 아이디어, 새로운 인간관계, 새로운 제품 형태에서 무형적 요소의 중요성이 크게 부각되고 있으며, 기업 가치의 80%는 무형자산으로 직원의 창의성 개발 및 창의적인 기업 문화조성과 같은 무형자산에 대한 관심이 고조되고 있다고 하였다. 월스트리트저널(2006.9.12)에 따르면 세계의 주요 비즈니스 스쿨에서는 학생들이 창조적 프로세스에 대한 직접적인 경험을 통해 창의성과 혁신적 사고를 배양할 수 있도록 만들기 위해 문화를 활용한 다양한 커리큘럼을 운영하고 있다고 하였다.

미국 MBA에서는 학생들에게 연극, 패러디 영화 및 단편영화를 제작하도록 요구하며, 이를 통해 리더십과 창의적 프로젝트 사업의 경영기술을 체득하도록 하고 있다. 프랑스 비즈니스 스쿨인 HEC에서는 학생들이 직접 멋진 코스요리를 만들도록 하며, 슬로베니아의 IEDC는 오케스트라 지휘자, 조각가, 영화감독, 시인 등을 강사진으로 초청하여 창의적 사고능력, 창의적 리더십에 대해 강의를 하고 있다.

이 같은 경영환경의 변화 속에서 기업은 창의성의 원천을 문화예술에서 찾고자 하는 데, 이는 예술이 새로운 아이디어를 떠올리고 개발할 수 있는 분위기와 정신 상태를 유발시킬 수 있는 원동력이 될 수 있기 때문이다. 예술은 과거와 다르게 행동하고, 다르게 사고할 수 있는 새로운 방법과 기술을 제공할 수 있으며, 창의성을 유발하는 기술적인 면(창의성 유발에 적합한 기술이나 교육)에 있어서나, 감성적인 면(직원들의 마음 깊은 곳에 숨어있는 동기 유발 요소를 끄집어 냄)에 있어서 중요한 역할을 할 수 있다(한국메세나협회, 2006). 이런 이유로 기업은 문화예술의 활용을 통해 조직 내부의 창의성을 배양시켜 창의적 직원 더 나아가 창의적 기업 경쟁력을 확보하고자 하는 것이다. 레버 파베르제(Lever Faberge) 대표는 “예술은 과거에 보지 못했던 것을 새로운 시각으로 발견하는데 도움을 준다. 기업이 진정으로 필요한 것은 관찰하고 사고하는 예술적 과정을 통한 심미적이고 창의적인 접근이며 이를 통해 기업의 발전을 도모하는 것이다"라고 하였다(한국메세나협회, 2006).

두 번째는 마케팅 환경의 변화 측면이다. 제품과 서비스 간 차이가 점차 줄어들어 차별적 경쟁우위를 가지기 어려운 상황 속에서 기업은 새로운 차별화 요소에 대해서 관심을 갖게 되었다. 김소영(2010)은 마케팅 패러다임의 변화를 제품(product), 소비자(consumer), 기술(technology)의 3 차원을 중심으로 설명하고 있다([그림12] 참조). 소비자들이 1970년대에서 1980년대 까지는 경제적 가치, 1990년대에는 사용가치를 중요시 했다면 2000년대 들어서면서부터 소비자들은 미학적 가치와 문화적 가치를 요구하고 있다. 제품의 변화에 서도 1970년대에서 1980년대 까지는 단순기능, 1990년대에는 고기능과 고품질, 그리고 2000년대부터는 감성체험과 감성기능을 중요시 하게 되었다. 기술의 변화 측면에서도 1970년대에서 1980년대까지는 생산기술, 1990년대에는 첨단기술 그리고 2000년 대 부터는 감성기술의 중요성이 증가되고 있다. 소비자, 제품 및 기술에 의한 마케팅 환경의 변화는 기업들로 하여금 예술을 활용한 미학적 가치와 감성기술이 체화된 감성적 제품의 중요성을 인식시키는 계기를 만들었으며, 이 같은 소비자의 변화에 대응하기 위하여 예술콘텐츠와 예술적 방법론을 기업 경영에 적용하는 경영활동이 많은 관심을 받게 되었다.

[그림12] 마케팅 패러다임의 변화

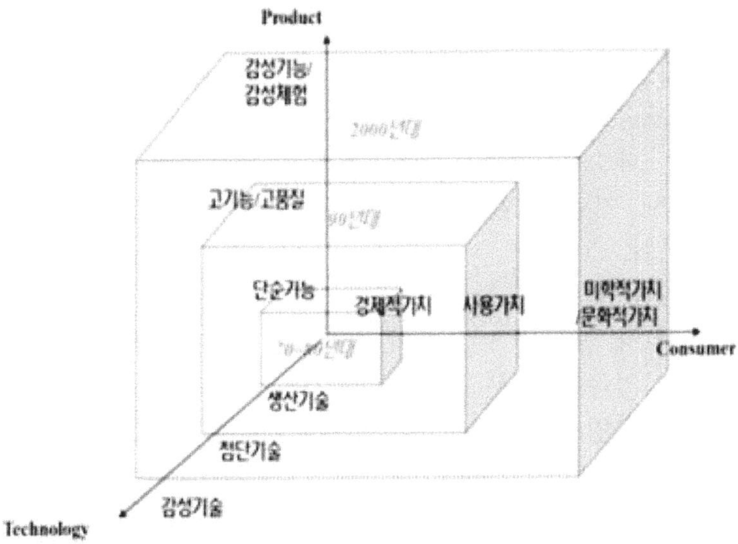

자료 : 김소영(2013)

세 번째는 기업의 사회적 책임경영의 관점에서이다. 최근 들어 기업은 경제적인 요구뿐만 아니라 사회의 여러 가지 요구를 충족시키지 못하면 사회적으로 존립이 어려운 상황에 직면하고 있다. 단순히 경제단위로서의 역할에 그치는 것이 아니라 사회단위로서 인간의 사회적 욕구를 충족시켜주는 사회적 기관으로 인식되고 있는 것이다. 다시 말해 사람들은 더 이상 경제적 이익만을 추구하고자 하는 기업에 대해 절대적인 호의를 나타내지 않게 되었고, 기업은 경제적인 기능을 다하는 것 외에 사회적 사명을 다하여야 한다는 생각들이 등장하기 시작하였다. 이것이 바로 기업의 사회적 책임(Corporate

Social Responsibility)이다. 기업도 하나의 인격체이자 시민으로서 사회적 책임을 져야한다는 인식이 커지면서 기업시민(Corporate Citizenship) 으로서 요구되는 책임과 의무가 날로 중요해지고 있다. 마케팅의 구루인 필립 코틀러의 언급처럼 이제 기업의 사회적 책임활동은 '하면 좋은 일'이 아니라 '반드시 해야만 하는 일'이 된 것이다. 이제 기업은 단순한 소비자만족을 넘어 사회복지(social welfare)까지 고려하는 마케팅을 실시해야 한다는 사회적 마케팅의 개념이 크게 대두되고 있다.

이러한 상황에서 기업의 사회적 책임경영은 사업과 시너지를 낼 수 있는 방향으로, 보다 통합적이고 조직적으로 그리고 전략적으로 관리될 필요가 있다. 이처럼 차별적인 사회공헌활동을 위해 기업은 예술의 활용에 관심을 갖게 되었다. 차별적인 예술을 활용한 기업의 사회공헌활동은 기업 이미지와 평판에 기여할 뿐 아니라 문화예술발전 및 문화복지 향상과 같은 사회복지에도 기여함으로써 21세기형 사회적 마케팅 개념의 실천대안이 될 수 있을 것이다.

이상에서와 같이 창의적 기업의 경쟁력, 마케팅환경의 변화 그리고 기업의 사회적 책임경영에 대한 중요성 증대와 같은 기업 환경의 변화와 사회적 압력은 예술을 경영활동에 적용하는 예술기반창조경영에 대한 논의와 도입의 배경이 되었으며, 예술기반창조경 영에 대한 필요성과 의미는 향후 더욱 확산되고 확대될 것으로 예상된다.

경영미학의 발전과정

기업이 예술을 통한 조직 개발이나 혁신을 시도한 사례는 60년대 제록스사 PARC(Palo Alto Research Center)의 아티스트 레지던시 프로그램으로 엔지니어의 기술 연구에 예술가들의 열린 협력을 진작했던 사례로 거슬러 올라가는데, 2000년대 유니레버의 Catalyst를 거쳐 최근에는 페이스북

(Facebook), 오토데스크(Autodesck), 어도비(Adobe)와 같은 기술 기반의 글로벌 혁신 기업들에서 도입하고 있다(서지혜, 2017).

예술기반 경영의 발달과 함께 기업의 실행 사례와 더불어 대학 등 교육기관의 커리큘럼과 지원단체 및 컨설팅 프로그램이 등장하고, 관련 연구 네트워크 및 세미나 활동의 활성화가 이루어지고 있다. 일례로 미국 컬럼비아 비즈니스 대학원과 영국 옥스퍼드 전략적 리더십 프로그램 등 유수의 경영 대학과 MBA 과정의 커리큘럼에 예술기반경영 관련 교육과정이 도입되고 있으며, 예술기반 경영 지원단체 및 컨설팅 프로그램도 속속 마련되고 있는 실정이다. 미국 예술지원단체인 Americans for the Arts는 2005년부터 기업과 예술공동체 간 협력을 촉진하기 위해 Arts & Business Partnership 프로그램과 위원회를 운영 하고 있으며, 전문 컨설팅 기관인 영국의 Arts and Business는 1979년 영국에서 설립되어 기업의 요구에 가장 잘 맞는 예술의 활용에 대한 컨설팅 프로그램을 제공하고 있다. 학계에서도 AACORN, IDRIART 등 연구 네트워크가 구축 되고, 각종 관련 컨퍼런스 개최, 경영에서 예술의 활용에 대한 연구 프로젝트가 활발히 진행되고 있다(장대철, 2012).

예술적 개입 연구는 주로 경영학자들에 의해 경영관리 지향의 접근에서 주로 다뤄져 온 가운데에 최근에 들어서야 예술가와 매개자, 개입 대상자 등의 관점을 함께 고려하는 다중이해관계자 담론(Antal, 2011, 2014; Johansson, 2012; Styhre & Eriksson, 2008; Styhre & Fröberg, 2016)이 형성되고 있다. 2000년대부터 예술가들의 사회적 가치와 활동을 확대해 가기 위한 기업과 지역의 혁신에 예술적 협력을 개발하고 촉진하는 매개기관들(스웨덴 TILLT, 스페인 Connexion Improbable, 덴마크 Kunstgreb 등)이 등장했다. 이 기관들은 EU의 정책적 지원을 기반으로 베를린사회과학연구소와 결합하여 실행 기반의 연구를 체계화했으며, 예술과 창조 경제, 기업경영의 논리를 포괄하며 다중이해 관계자 관점에서 연구를 발전시켰다(서지혜, 2017).

국내의 경영미학

국내에서는 넥슨코리아의 '넥슨포럼'을 예로 들 수 있으며, 문화부의 정책적 주도로 2011년 '아르꼼' 사업을 통해 3년간 파일럿 프로젝트들이 몇 개 기업에서 한시적으로 운영된 이후 중단되었다. 그 뒤를 이어 2014년도부터 예술인 복지 정책사업의 일환으로 예술인을 기업에 파견하는 사업에서 '예술적 개입'의 시도를 촉진하고 있다. '한국예술인복지재단의 '예술인파견지원사업'은 연간 300여명의 예술가 파견을 시작으로 2019년 현재 연간 1,001여명의 예술가를 다양한 기업, 기관, 마을 207개에 파견하여 예술적 개입에 기반한 협력의 가능성을 탐색할 수 있도록 지원하고 있다.

하지만 이렇게 급격한 양적 확산이 이뤄지고 있는 국내 예술적 개입의 확산 과정에서 그 본질적 취지와 접근이 기업 내에서 어떤 과정을 통해 전개되는 지에 대한 구체적 이해가 필요함을 지적하기도 한다(서지혜, 2017).

3. 경영미학의 유형분류

기업적 관련성과 사회적 관련성에 따른 분류

김소영 등(2013)은 실행 사례들을 토대로 기업적 관련성과 사회적 관련성의 두 축에 따라 예술을 활용하여 조직 내 문제를 해결하는 '조직경영형' 과 브랜드 가치제고를 위한 예술가와의 콜라보레이션과 같은 '마케팅형,' 그리고 사회의 문화예술 발전과 향수를 진작시킴으로써 기업의 평판과 이미지를 제고하는 '사회공헌형'의 3가지로 유형화한 바 있다.

마케팅형과 사회공헌형은 주로 기업의 외부고객을 대상으로 한 경영 활동인 반면, 조직경영형은 기업 내부 고객을 대상으로 한다는 점에서 차이가 있다. 그러나 세 유형 모두 문화예술을 활용하여 시장과 내부조직에서 새로운 가치를 창출하고자 한다는 점에서는 일맥상통한다고 볼 수 있다. 이 같은 유형화는 경영미학[4]이 기업 경영활동의 어느 부분에 더 초점을 맞추고 있느냐에 따른 분류이며, 실제 기업들은 조직경영형과 사회공헌형, 마케팅형과 사회공헌형 등 유형들 간 융합적인 형태로 실시하기도 한다.

[그림13] 경영미학의 유형

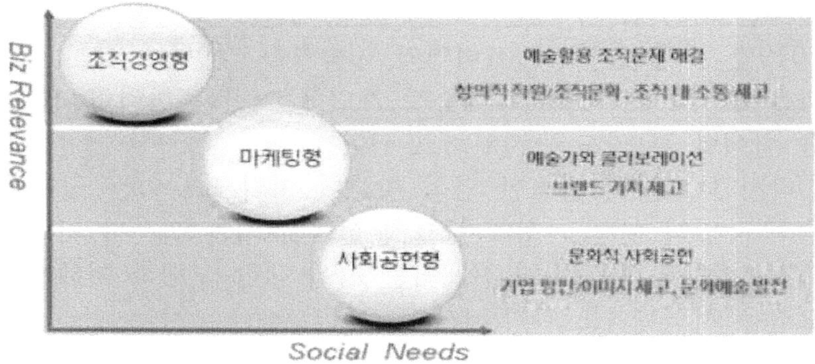

자료 : 김소영 등(2013)

유형별로 세부적으로 살펴보면 다음과 같다.

① 조직경영형 경영미학

조직경영형 경영미학은 인적자원관리, 조직문화 등 기업의 조직경영에 예술콘텐츠와 예술의 방법론을 활용하여 직원의

4) 김소영(2013) 등은 '예술기반창조경영'으로 명명하고 있으나 독자의 혼란을 피하기 위해 '경영미학'으로 통일하였음을 알립니다.

창의성을 향상시키거나 기업을 창조적 조직으로 변환시키는 경영활동을 의미한다.

영국의 아메리칸익스프레스는 직원에게 문화카드를 제공하여 무료나 할인가격으로 공연을 관람하거나 예술이벤트에 참여하는 혜택을 제공하고 있다. 이러한 문화카드 프로젝트에 영국의 18개 예술단체들이 참여하고 있는데 이들 예술단체는 아메리칸익스프레스 재단으로부터 작품개발 지원을 받을 뿐 아니라 신규 관객을 개발하는 효과도 거둘 수 있다. 무엇보다 아메리칸익스프레스는 예술체험을 통해 직원들이 세상을 보는 새로운 시각과 새롭게 생각하는 법을 학습하여 직원의 창의성이 제고되고 혁신적인 조직문화를 조성하는 성과를 거두었다. 아메리칸익스프레스가 영국인들이 가장 선호하는 직장 8위에 선정되는데 문화카드가 큰 역할을 했다.

영국의 가장 큰 TV네트워크인 ITV는 서로 다른 조직문화를 지닌 여러 기업들이 합병된 기업으로 무엇보다 직원 간 원활한 소통이 가능한 새로운 조직문화를 구축하는 문제를 해결해야 했고, 이를 위해 ITV는 연극 워크숍을 활용하기로 했다. 직원들을 인터뷰하고 관찰하여 기업의 상황과 문제를 묘사하는 창작연극을 워크숍에서 공연하고, 이후 직원들에게 연극에서 나타난 장면의 행동들을 어떻게 고치면 좋을지 의견을 모아 직원들이 제안한대로 연극장면을 고쳐 다시 연기하는 방식으로 연극 워크숍을 진행하였다. 이러한 과정을 통해 직원들은 자신의 행동을 반성하게 되고 조직의 가치에 대해 이해하고 공유하는 과정을 통해 조직의 새로운 문화를 수용하고 조직행동 적응력이 제고될 수 있었다. 조직의 문화적 이슈에 대해 업무현장에서 직원들 간 대화가 증대되는 등 조직 내소통이 활발해지고 직원들 간 관계가 좋아지며 협동이 증진되는 성과와 함께 이직률이 감소하는 효과도 거두었다. 연극이 만들어지는 방법론을 조직 내부에 접목시켜 조직경영의 문제를 효과적으로 해결한 것이다.

유니레버 그룹 산하의 두 기업인 엘리다 파베르쥐와 레버 브라더즈가 합병되면서 탄생한 레버 파베르쥐는 조직의 이질감을 극복하고 직원 화합과 창의력을 개발하기 위해 카탈리스트(Catalyst:촉매)라는 대규모 예술프로젝트를 추진했다. 외부의 예술가를 회사의 정식 직원인 예술감독으로 임명하였고, 직원들의 정서적 이질감을 해소하기 위해 연극인의 지도를 통한 상황극 연출, 시인으로부터 작문능력, 연극배우로부터 발표능력과 고객과의 의사소통 능력, 미술가로부터는 창의적 사고력 등을 배우고, 사내에도 미술, 사진작품들을 전시하여 일상 속에서 문화예술을 즐기는 기업 분위기를 조성하였다. 캐털리스트가 시행된 첫 해에는 전 직원의 80%가 자발적으로 참여했으며 4년이 지나고 나서도 전체 직원들의 70%는 여전히 한 가지의 캐털리스트 활동에 참여하고 있으며 직원들의 열성은 처음보다 훨씬 더 강해졌다. 유니레버그룹은 캐털리스트라는 예술 활용 프로그램을 통해 직원의 창의성을 향상시키고 조직 간 소통과 화합을 이끌어냈으며 이를 통해 재무 실적도 향상되는 성과를 거둘 수 있었다. 캐털리스트 예술프로젝트는 예술콘텐츠와 예술의 방법론을 적절하게 활용하여 예술이 기업 내부에서 할 수 있었던 역할의 한계를 뛰어넘어 진정한 예술의 역할이 무엇인지를 잘 보여주는 경영미학의 대표적인 성공사례라 할 수 있다.

포스코는 경영패러다임의 변화에 따라 새로운 경영방식이 필요한 상황에서 창조와 혁명이라는 가치를 추구하는 비즈니스 3.0전략의 구체적인 실천을 위해 조직의 창의력 향상과 창의 문화 조성을 위한 공간으로 사내 직원용 놀이공간인 포레카(포스코+유레카)를 개설했다. 포스코는 관리형 인재상에서 창조적 글로벌 인재를 육성하기 위해서는 창조, 몰입, 재미, 감성과 같은 키워드로 표현되는 새로운 조직문화 구축이 절실했고 이런 배경 아래 포레카가 탄생하였다. 포레카의 목표는 직원들의 창의력을 계발하고 창조적 조직문화 구축을 통해 기업의 경영성과에 기여하는 것이다. 동호회와 직원이 콘텐츠 운영의 주체가 되어 재미와 몰입을 통해 창의력을 증진시키는 것을 기본 방향으로 삼았다.

이를 위해 직원들은 수채화, 아트드로잉, 피아노 연주 및 감상 등의 예술체험을 통해 내적 영감을 발견하는 재미를 경험하게 하고, 스토리텔링 클럽과 상상 오락관 등의 창의력 증진 프로그램으로 몰입의 즐거움을, 시와 사진 창작프로그램을 통해서는 창조패턴을 습득하는 것이 가능하도록 했다. 포레카를 통해 직원들의 창의 역량이 향상되면서 조직 내커뮤니케이션 활성화가 이루어졌고 동기부여 수준도 높아졌다고 한다.

픽사는 예술교육을 통한 직원 창의성 제고 시스템을 구축하는 형태로 경영미학을 실시하였다. 픽사는 조직의 벽을 없애고 창의적 아이디어를 함께 개발할 수 있는 조직문화를 구축하고 지속적으로 직원들을 예술가로 키울 수 있는 경영시스템을 구축하기 위해 픽사대학을 설립하였다. 픽사대학의 학장으로는 저글링곡예단 창립 멤버인 랜디 넬슨을 고용하였으며, 랜디 넬슨은 기업 내 소프트웨어 설계사, 마케터, 요리사 들이 함께 배울 수 있는 커리큘럼을 기획했고 이는 예술교육으로 확대되었다. 영화제작, 회화, 조각, 글쓰기 등 110여 개의 코스가 운영되고 있으며 직원들은 1주일에 적어도 4시간씩 교육을 받는다. 픽사대학은 기술분야와 예술분야의 경계를 허무는 데 주력하여 기술분야 전문가에게 예술적 기질을 발견하도록 유도하고, 예술만 알던 예술가에게는 기술적 장점을 끌어낼 수 있도록 교육을 실시한다. 픽사대학은 직원들 간 커뮤니케이션이 활발해지고 직원의 창의성을 지속적으로 높여 기업 성장의 원동력이 되었다.

② 마케팅형 경영미학

마케팅형 경영미학은 제품디자인이나 광고 등에 예술콘텐츠를 차용하는 소극적 활동에서 예술가와의 콜라보레이션(collaboration)을 통해 제품을 기획·개발하는 적극적인 활동까지 다양하게 전개되고 있다. 기업은 마케팅형 경영미학을 통해 고급스러운 브랜드 이미지, 미학적 브랜드 이미지를 구축하는 등 차별적인 브랜드 가치를 창출하여 궁극적으로 해당 브랜드의 제품이 소비자들에게 하나의 예술작품으로 인식되도록 만들고자 하는 것이다.

우선, 기업이 의도하는 브랜드이미지나 메시지를 좀 더 명확하게 전달하기 위해 기존 예술작품을 제품 디자인이나 광고 등에 차용하는 소극적인 경영미학을 실시하는 사례가 있다. 프랑스 보르도 특등급 와인 무통 로쉴드의 경우, 당시 2등급 와인으로 분류 되던 샤토 무통 로쉴드에 1946년부터 조르주 브리크, 후앙 미로, 파블로 피카소 같은 당대를 대표하는 유명 화가의 작품을 와인의 라벨에 사용함으로써 100년간의 2등급 와인 신세를 접고 73년부터 5대 특등급 와인 반열에 오르는 대성공을 거두었다. 저가 화장품업체더 페이스샵은 '피부의 명작'이란 컨셉의 아르생뜨 신제품을 출시하면서 화장품 용기에 빈센트 반 고흐의 '삼나무가 있는 보리밭'을 새겼다. 이렇게 저가 화장품에 고급 명화를 접목함으로써 제품의 이미지를 높여 매출이 증대되는 효과를 거두었다. LG화학은 붙박이장과 벽지 등에 유명화가 작품을 결합시킨 제품으로 김선미 작가의 작품을 적용하여 붙박이장 표면을 장식한 Z:IN 가구, 정연두 작가의 작품을 적용한 안단테 스모그 Z:IN 벽지를 출시하였다. LG화학은 경영미학을 통해 집안을 갤러리처럼 꾸미고자 하는 소비자 욕구를 자극하고 미학적 인테리어 브랜드로서의 위상을 확립하고자 하였다.

제품 기획단계 부터 브랜드의 정체성에 맞게 예술가가 제품을 디자인하는 등 예술가와의 콜라보레이션을 통해 다양한 마케팅활동에서 창의적인 시너지를 창출해 내는 보다 적극적인 개념의 경영미학의 사례도 있다. LG전자는 꽃의 화가로 불리는 하상림 작가와의 협업을 통해 작가의 작품을 냉장고 전면에 적용한 아트디오스를 출시하여 냉장고가 단순히 주방 가전제품이 아니라 주방을 아름답게 꾸밀 수 있는 고급 예술작품이란 점을 강조할 수 있었다. 스와치는 정기적으로 화가, 조각가, 패션 디자이너, 감독, 요리사, 음악가 등 예술장르를 넘나들며 명성이 높은 예술가들과의 콜라보 레이션을 통한 아티스트 스페셜을 출시해왔다. 키키 피카소, 비비안 웨스트우드, 백남준 등 예술가의 명성과 창의성을 입은 스와치 시계는 시간이 지날수록 그 가치가 더욱 높아지고 경매장에서 고가에 거래되기도 하는 예술작품으로 인정받기도 했다. 스와치는 시계 브랜드를 넘어 세상에서 가장 작은 캔버스라는 별명과 함께 문화를 선도하는 혁신적인 브랜드로서의 브랜드 가치를 구축할 수 있었다. BMW는 1975년부터 세계적인 예술가들과 함께 '아트카 콜렉션'을 선보이고 있는데, 앤디워홀, 프랭크 스텔라, 로이리히텐 슈타인, 제니홀저, 데이비드 호크니 등 현대미술의 대표적인 예술가들이 직접 참여한 BMW 아트카를 만들고 있다. BMW 아트카는 주기적으로 세계를 돌며 파리 루브르 박물관, 뉴욕 휘트니 박물관, 구겐하임 미술관 등에서 전시함으로써 BMW를 단순한 자동차가 아닌 하나의 예술 작품 브랜드로 인식되도록 만드는 효과를 거두고 있다.

갤러리아백화점은 스페인 작가 조르디라반다에게 백화점 쇼

핑백과 갤러리아 카드의 디자인을 의뢰함으로써 패션 트렌드를 선도하고 고급백화점이란 브랜드 이미지를 표현 하고자 했다. 이 같은 예술가와의 콜라보레이션에 의해 탄생한 갤러리아 카드의 경우 신규고객 발급수가 전년대비 30% 증가하는 등 뜨거운 호응을 얻기도 했다.

이외에도 브랜드와 기업의 가치에 예술이 체화되는 경영미학을 추진하는 기업으로 베네통을 들 수 있다. 베네통의 커뮤니케이션 연구센터 '파브리카(Fabrica)'는 전 세계 25세 이하의 젊은 예술가들을 지속적으로 초청하여 각종 창작활동을 지원하고 있는데, 특히 모든 작가가 자유롭게 영화, 사진, 컴퓨터그래픽, 디자인 등을 연구·토론·창작할 수 있는 환경을 제공하고 있다. 파브리카의 젊은 작가들로부터 나온 새롭고 참신한 아이디어는 베네통 제품 디자인의 창의성과 독창성을 발휘하는 바탕이 되고 있다. 이처럼 전 세계의 예술가를 지원하는 동시에 예술가와의 콜라보레이션을 통해 브랜드 가치를 제고시키고 글로벌 문화기업의 이미지를 구축하는 효과를 거두는 사례도 있다.

③ 사회공헌형 경영미학

사회공헌형 경영미학은 기업과 예술의 만남을 통해 문화예술발전, 지역사회 문화복지 및 경제활성화, 사회적 효과 창출을 통해 기업의 이미지와 평판을 제고시키는 경영활동으로 기존의 메세나 관점의 기업 사회적 책임 경영의 일환으로 추진되고 있다.

금호아시아나그룹은 금호아시아나문화재단을 중심으로 클래식 음악 영재 발굴 및 육성을 근간으로 문화예술발전을 위한 지원활동을 30여 년간 지속하고 있는 대표적인 기업이다. 특히 금호 영재 콘서트, 금호 영아티스트 콘서트 시리즈를 통해 클래식 음악 영재들을 객관적으로 선발하는 시스템을 갖추고 있으며, 선발된 음악 영재들의 해외 무대 진출을 돕기 위해 세계적인 음악 거장 및 단체에 음악 영재들을 소개할 뿐 아니라 명품 고악기를 무상으로 대여하는 악기은행제도, 항공권 무상지원, 음악 장학금 지급 등 영재 음악가들이 세계적인 연주자로 성장하는데 필요한 모든 지원 활동을 직접 추진하고 있다. 이처럼 클래식 영재 발굴에 힘을 기울인 결과 1,000명이 넘는 금호 음악 영재들이 발굴되었고, 2011년에는 한국의 젊은 음악가 5명이 러시아 모크스바에서 열린 차이코프 스키 콩쿠르에서 상위권에 입상하는 등 우리나라의 문화예술발전뿐 아니라 국가브랜드 가치 제고에도 기여했다.

현대중공업은 1991년 미포회관 건립을 시작으로 1998년 현대예술관 건립까지 울산지 역에 6개의 복합문화공간을 제공하여 지역주민들에게 다양한 장르의 문화예술 전시, 공연을 접할 수 있는 기회를 제공하고 있다. 소외지역과 시내 아파트 지역을 방문하여 '찾아가는 음악회'를 열어 지역주민의 문화예술 접근성을 높이는 노력을 기울이는 한편 장애인과 어려운 환경의 청소년을 초청해서 음악회를 개최하고, 지역의 어린이와 청소년들의 문화예술 소양 함양에 도움을 주기위한 썸머뮤직 아카데미를 운영하기도 한다. 이 같은 예술기반창조 경영 활동은 지역주민의 문화적 격차를 줄이고 지역사회의 문화복지 수준을 높이는데 기여했다.

일본에서는 출판교육그룹 베네세가 구리제련소의 폐기물로 황폐화되어 주민들조차 버렸던 쓰레기섬 나오시마를 예술의 요소를 적용하여 섬 전체가 세계적인 미술관이 되도록 만든 사례가 있다. 세계적인 건축가 안도다다오가 베네세하우스, 지중미술관, 이우환 미술관을 설계하면서 문화명소를 만들었고, 베네세하우스 안팎과 각 건물, 해변 등에는 나오시마의 또 다른 상징물인 구사마 야요이의 노랑호박과 빨강호박 등 세계적인 작가들의 작품 56점이 전시돼 있다. 기업과 예술가의 협업으로 쓰레기 섬으로 불리던 나오시마는 트래블러지가 선정한 세계 7대 관광지에 선정되어 매년 수십만 명의 관광객이 찾아오는 섬이 되었다. 베네세그룹의 회장은 예술로 사회공헌하는 것이 곧 존경받는 기업을 만드는 지름길이란 신념을 갖고 18년에 걸친 지속적인 경영미학을 통해 지역의 경제가 활성화될 수 있음을 보여준 대표적인 사례라 할 수 있다.

한화그룹은 3년 동안(2009~2011) 전국 45개 복지기관(지역아동센터, 보육원)의 아동들 에게 전문예술강사들과 48개 사업장 임직원들이 함께 참여하는 예술교육(음악, 미술, 국악, 연극)프로그램 '예술더하기' 사업을 실시하였다. 김소영(2011)에 의하면 '예술더하기' 사업에 참여한 아동들이 3년 동안의 예술교육을 통해 아동의 우울감(우울정서, 행동장애, 자기비하)이 유의하게 감소하였고, 창의적 인성(상상, 호기심)과 친사회적 행동(친구 및 학교생활 만족도, 사회적 수용력 등)이 향상되는 효과가 있는 것으로 확인되었다. 이처럼 기업의 예술기반경영이 저소득층 수혜자의 감성, 창의적 인성 및 사회공동체 의식에도 긍정적인 효과가 있음을 알 수 있다. 더불어 기업의 예술기반창조경영이 예술강사 파견을 통해 미약하지만 고용을 창출하는 효과도 거둘 수 있었다.

밀러맥주와 필립모리스 담배를 제조.판매하는 미국의 알트리아그룹은 기업의 부정적인관점에서 경영미학활동을 추진해오고 있다. 켄터키주 문화페스티벌에 50여년간 2억 달러 이상을 지원, 뉴욕시립오페라단 스폰서, 앤디워홀, 로젠버그 등 아티스트 후원 등 50년 이상 지속적으로 사회공헌형 경영미학을 전개한 결과 비난대상 1호 에서 신뢰받는 기업 이미지와 사회적 평판을 구축할 수 있었다.

미국의 The Heathman Hotel은 "Give to the arts even in your sleep" 캠페인을 통해 주말 객실 수입의 1%를 적립하여 Heathman 예술기금을 조성하고, 이 기금을 포틀랜드 예술단체에게 지원하였다. 그 결과 호텔 객실, 로비 등에는 지원받은 예술가들의 작품이 상시 전시되고 호텔콘서트홀의 외벽에는 작가들의 벽화가 기증되기도 했으며, 전시나 공연기간에는 예술행사에 참여하려는 개인과 예술가들로 100% 예약을 기록하기도 했다.

The Heathman Hotel은 지역사회 문화예술발전에 기여했을 뿐 아니라 갤러리 호텔이라는 사회적 평판과 매출 증대라는 성과를 동시에 획득할 수 있었다.

실천적·발전적 관점에서의 경영미학의 유형 분류

경영미학이 현장에서 실제로 활용되고 있고 이러한 활용의 발전적 흐름에 따라 유형을 분류하면 메세나(mecenat), 콜라보레이션(collaboration), 예술적개입(artistic intervention), 미학적경영(aesthetic management)으로 나누어 볼 수 있다. 이에 대한 보다 세부적인 내용은 이하에서 자세히 언급하기로 하고 그 개념을 간략히 설명하면 다음과 같다.

먼저 메세나는 역사적으로 가장 오래된 경영미학의 유형으로 기업들의 예술에 대한 순수한 후원에서 시작하여 최근에는 기업이미지 개선 및 사회적책임(CSR)으로 발전하고 있다. 다음으로 콜라보레이션은 기업에서 예술가와의 협력을 통해 제품을 디자인하거나 광고 등을 통해 기업의 매출을 증대시키는 활동을 의미한다. 최근 예술가와의 협력을 통해 제품을 기획·개발하는 보다 적극적인 콜라보레이션으로 발전하고 있다. 그리고 예술적 개입은 기업 내에 예술분야의 사람이나 작품, 또는 예술의 프로세스가 들어가 활동함으로써 혁신과 창의를 계발하고 기업의 문제를 해결하는 활동을 말한다. 최근 실무적으로 가장 활동성이 있게 나타나고 있는 경영미학 활동이다. 마지막으로 미학적 경영은 기업경영 전반에 예술을 적용하는 것을 말한다. 즉 기업경영에 예술적 특성 적용함으로써 제품이나 조직의 운용에 혁신성을 높이고 궁극적으로 기업의 활동을 가치있게 만드는 경영활동을 말한다. 이의 대표적 개념으로는 '예술적 지향성'이 있다. 예술적 지향성은 기업 전반에 걸쳐 예술적인 특성을 추구하고, 지향하려는 경향을 의미한다. 이 개념은 2018년에 한은수에 의해 처음 제시되었다.

4. 실천적 기법으로서의 경영미학 1 : 메세나

메세나의 개념

메세나(Mecenat)란 기업들이 문화예술에 대한 지원을 통해 사회에 공헌하는 활동을 총칭하는 용어로, 기업이 사회에 이윤을 환원하고 기업의 이미지 제고를 위해 인도적 차원으로 문화예술이나 스포츠, 과학 등의 공익사업에 지원하는 활동을 의미한다.

메세나라는 말 자체는 로마시대의 시성이었던 베르길리우스(Publius Vergilius Maro), 호라티우스(Quintus Horatious Flaccus) 등을 재정적으로 지원해 주었던 재상 가이우스 클리니우스 마에케나스(Gaius Clinius Maecenas)라는 실존 인물의 이름에서 유래되었다. 마에케나스의 이름이 프랑스로 넘어가 '메세나'로 바뀌며 요즘 우리가 알고 있는 '문화예술에 대한 지원'이라는 개념으로 정착되었다.

1967년 미국에서 기업예술후원회가 발족하면서 이 용어를 처음 쓴 이후, 각국의 기업인들이 메세나협의회를 설립하면서 메세나는 기업인들의 각종 지원 및 후원 활동을 통틀어 일컫는 말로 쓰이게 되었다.

역사적으로 메세나의 대표적 예로는 르네상스 시대의 미켈란젤로, 레오나르도 다빈치 등 당대 예술가들을 지원한 피렌체의 메디치 가(家)를 꼽을 수 있다. 현재는 기업의 문화 예술 및 스포츠 지원, 사회적 인도적 입장에서의 공식적인 예술후원사업을 뜻한다. 미국의 카네기 홀, 록펠러 재단 등이 대표적인 메세나 활동이다.

원래 메세나는 반대급부를 바라지 않고 순수하게 지원하는 의미였지만 최근에는 메세나의 의미가 더욱 확장되어 예술·문화·과학·스포츠에 대한 지원뿐 아니라 사회적·인도적 차원에서 이루어지는 공익사업에 대한 지원 등 기업의 모든 지원 활동을 포괄하고 있어 문화마케팅이나 스폰서의 의미도 섞여 사용되고 있다(이은미, 2018). 이 메세나는 기업 측에서는 이윤의 사회적 환원이라는 기업 윤리를 실천하는 것 외에, 회사의 문화적 이미지까지 높일 수 있어 홍보 전략의 수단으로도 유리하다. A&B(Arts & Business, 영국), ADMICAL(Association for the Development of industrial and Commercial Cultural Support, 프랑스), BCA(Business Committee for Arts, 미국) 등 이름은 다르지만 영국, 프랑스, 미국 등 전 세계 24개국에 31개의 메세나 관련기구가 설립되어 활동 중이다. 이들은 문화예술 지원으로 차별화된 경영전략을 선보이고 있다

한국에서는 1994년 문화예술에 대한 국민의식을 높여 문화예술 인구의 저변을 넓히고, 한국의 경제와 문화예술의 균형 발전에 이바지할 목적으로 비영리 사단법인인 '한국기업메세나협의회'가 발족되었다. 당시 경제5단체와 기업들이 하였다. 2004년 2월에 메세나 운동이 기업에만 한정된 것이 아니라 일반인들에게도 의미 있는 운동이라는 판단 하에 '한국메세나협의회'로 명칭이 바뀌었고, 다시 2013년 '한국메세나협회'로

명칭이 변경되어 오늘에 이르고 있다. 2020년 현재 회원은 240여개 기업이며, 사회전반에 예술후원에 대한 인식을 재정립하고, 지역·계층간 문화격차를 해소하기 위해 사업을 전개하고 있다. 창립 이후 1기업 1문화 운동, 한국메세나대회, 학술세미나 개최, 찾아가는 메세나/어린이 메세나, 기업과 예술의 만남 등의 활동을 해오고 있다.

메세나의 발전

메세나운동이 시작된 것은 1966년 미국 체이스 맨해튼 은행 회장인 데이비드 록펠러가 기업의 사회공헌예산의 일부를 문화예술에 할당하자고 건의한 것이 계기가 되었다. 1967년 미국에서 기업예술후원회가 발족하면서 '메세나'라는 용어를 처음 쓰게 되었고 각국에 영향을 주면서 기업인들의 각종 공익사업 지원활동을 포괄하는 용어로 쓰이게 되었다(이은미, 2018).

1930년대 까지 예술에 대한 지원은 일반적으로 절대적인 부를 가진 개인에 의해 자선적으로 이루어지는 경향이 강했다. 하지만 이 개인들이 기업의 성격을 가지면서 주주의 이익을 우선시하게 되었고 미국에서는 주주의 이익과 관계되지 않는 기업의 지출을 불법으로 금지하기까지 하게 됨으로써 기업의 예술에 대한 지원이 축소될 수 밖에 없었다. 이후 2차 세계대전을 겪으면서 법적 규제가 약해지면서 1935년 조세제도의 개정이 이루어졌고 기업의 사회기부가 가능해지면서 비영리단체에 대한 자선기부활동이 활성화되기 시작하였다(이은미, 2018).

1970년대 들어서면서 기업의 기부행위에 대한 편법이 드러나고 많은 문제점들이 야기되면서 문화예술에 대한 지원이 축소되기도 하였다. 그러나 경제학자들로부터 예술의 경제적 파급효과 등의 연구들이 나타나고 장기적 관점에서 기업에게 이익이 된다는 개념이 확산되면서 기업은 마케팅 전략의 하나로 예술을 활용하게 되었다. 최근의 경영학의 주요한 일부로서 기업의 사회적 책임(Corporate Social Responsibility: CSR)이라는 주제로 발전하였다.

기업의 사회적 책임이란 기업활동에 의해 영향을 받거나 영향을 주는 직·간접적 이해관계자들에 대하여 발생 가능한 제반 이슈들에 대한 법적, 경제적, 윤리적 책임을 감당할 뿐 아니라, 기업의 리스크를 줄이고 기회를 포착하여 중장기적 기업 가치를 제고할 수 있도록 추진하는 일련의 "이해관계자 기반 경영활동"이라고 할 수 있다. 사회적 책임에 대한 정의는 학자마다 단체마다 다르게 정의되는 경향이 있다. 이익창출 및 이해관계자들의 수요에 부응하기 위해 규제에 순응하는 것 이상으로 기업이 노력하는 것(The myth of CSR, Deborah Doane), 기업과 사회와의 공생관계를 성숙시키고 발전시키기 위해 기업이 취하는 행동(OECD), 직원, 가족, 지역, 사회 및 사회전체와 협력해 지속가능한 발전에 기여하고 이들의 삶의 질을 향상시키고자하는 기업의 의지(WBCSD, 1998), 기업 스스로가 자신의 사업 활동을 행할 때나 이해관계자(stakeholder)와의 상호관계에서 자발적으로 사회적 또는 환경적인 요소들을 함께 고려하는 것(Commission of the European Commnities, 2001) 등이 있다. 하지만 이들의 공통점을 찾아보면 CSR이란 기업의 이익을 창출하는데 책임감을 갖고 있던 범위를 넘어 이해관계자를 포함한 사회와 환경 등에 대한 책임감을 갖고 그것을 실천하는 행위임을 알 수 있다(중소벤처기업부 홈페이지).

경영미학이 기업에서 예술을 활용하여 경영의 성과를 높이려는 기업의 노력으로 본다면 현재의 CSR 때문에 메세나가 경영미학의 일부로 간주된다고 할 수 있다.

5. 실천적 기법으로서의 경영미학 2 : 컨텐츠제작 콜라보레이션

컨텐츠제작 콜라보레이션이란?

'컨텐츠제작 콜라보레이션'은 제품디자인이나 광고 등에 예술콘텐츠를 차용하는 소극적 활동에서 예술가와의 콜라보레이션(collaboration)을 통해 제품을 기획·개발하는 적극적 활동까지 다양하게 전개되고 있다. 기업은 마케팅형 예술기반창조경영을 통해 고급스러운 브랜드 이미지, 미학적 브랜드 이미지를 구축하는 등 차별적인 브랜드 가치를 창출하여 궁극적으로 해당 브랜드의 제품이 소비자들에게 하나의 예술작품으로 인식되도록 만들고자 하는 것이다. 우선, 기업이 의도하는 브랜드이미지나 메시지를 좀 더 명확하게 전달하기 위해 기존 예술작품을 제품 디자인이나 광고 등에 차용하는 소극적인 예술기반창조경영을 실시하는 사례가 있다. 프랑스 보르도 특등급 와인 무통 로쉴드의 경우, 당시 2등급 와인으로 분류 되던 샤토 무통 로쉴드에 1946년부터 조르주 브리크, 후앙 미로, 파블로 피카소 같은 당대를 대표하는 유명 화가의 작품을 와인의 라벨에 사용함으로써 100년간의 2등급 와인 신세를 접고 73년부터 5대 특등급 와인 반열에 오르는 대성공을 거두었다. 저가 화장품업체 더 페이스샵은 '피부의 명작'이란 컨셉의 아르생뜨 신제품을 출시하면서 화장품 용기에 빈센트 반고흐의 '삼나무가 있는 보리밭'을 새겼다. 이렇게 저가 화장품에 고급 명화를 접목함으로써 제품의 이미지를 높여 매출이 증대되는 효과를 거두었다. LG화학은 붙박이 장과 벽지 등에 유명화가 작품을 결합시킨 제품으로 김선미 작가의 작품을 적용하여 붙박이장 표면을 장식한 Z:IN 가구, 정연두 작가의 작품을 적용한 안단테 스모그 Z:IN 벽지를 출시하였다. LG화학은 예술기반창조경영을 통해 집안을 갤러리처럼 꾸미고자 하는 소비자 욕구를 자극하고 미학적 인테리어 브랜드로서의 위상을 확립하고자 하였다. 다음에는 제품 기획단계 부터 브랜드의 정체성에 맞게 예술가가 제품을 디자인하는 등 예술가와의 콜라보레이션을 통해 다양한 마케팅활동에서 창의적인 시너지를 창출해 내는 보다 적극적인 개념의 예술기반창조경영 사례를 살펴보자. LG전자는 꽃의 화가로 불리는 하상림 작가와의 협업을 통해 작가의 작품을 냉장고 전면에 적용한 아트디오스를 출시하여 냉장고가 단순히 주방 가전제품이 아니라 주방을 아름답게 꾸밀 수 있는 고급 예술작품이란 점을 강조할 수 있었다. 스와치는 정기적으로 화가, 조각가, 패션 디자이너, 감독, 요리사, 음악가 등 예술장르를 넘나들며 명성이 높은 예술가들과의 콜라보레이션을 통한 아티스트 스페셜을 출시해왔다. 키키 피카소, 비비안 웨스트우드, 백남준 등 예술가의 명성과 창의성을 입은 스와치 시계는 시간이 지날수록 그 가치가 더욱 높아지고 경매장에서 고가에 거래되기도 하는 예술작품으로 인정받기도 했다. 스와치는 시계 브랜드를 넘어 세상에서 가장 작은 캔버스라는 별명과 함께 문화를 선도하는 혁신적인 브랜드로서의 브랜드 가치를 구축할 수 있었다. BMW는 1975년부터 세계적인 예술가들과 함께 '아트카 콜렉션'을 선보이고 있는데, 앤디워홀, 프랭크 스텔라, 로이리히텐슈타인, 제니홀저, 데이비드 호크니 등 현대 미술의 대표적인 예술가들이 직접 참여한 BMW 아트카를 만들고 있다. BMW 아트카는 주기적으로 세계를 돌며 파리 루브르 박물관, 뉴욕 휘트니 박물관, 구겐하임 미술관 등에서 전시함으로써 BMW를 단순한 자동차가 아닌 하나의 예술 작품 브랜드로 인식되도록 만드는 효과를 거두고 있다. 갤러리아백화점은 스페인 작가 조르디라반다에게 백화점 쇼핑백과 갤러리아 카드의 디자인을 의뢰함으로써 패션 트렌드를 선도하고 고급백화점이란 브랜드 이미지를 표현 하고자 했다. 이 같은 예술가와의 콜라보레이션에 의해 탄생한 갤러리아 카드의 경우 신규고객 발급수가 전년대비 30% 증가하는 등 뜨거운 호응을 얻기도 했다. 이외에도 브랜드와 기업의 가치에 예술이 체화되는 예술기반 창조경영을 추진하는 기업으로 베네통을 들 수 있다. 베네통의 커뮤니케이션 연구센터 '파브리카(Fabrica)'는 전세계 25세 이하의 젊은 예술가들을 지속적으로 초청하여 각종 창작활동을 지원하고 있는데, 특히 모든 작가가 자유롭게 영화, 사진, 컴퓨터그래픽, 디자인 등을 연구·토론·창작할 수 있는 환경을 제공하고 있다. 파브리카의 젊은 작가들로부터 나온 새롭고 참신한 아이디어는 베네통 제품 디자인의 창의성과 독창성을 발휘하는 바탕이 되고 있다. 이처럼 전 세계의 예술가를 지원하는 동시에 예술가와의 콜라보레이션을 통해 브랜드 가치를 제고시키고 글로벌 문화기업의 이미지를 구축하는 효과를 거두는 사례도 있다(김소영 등, 2013).

6. 실천적 기법으로서의 경영미학 3 : 예술적 개입

예술적 개입이란?

'예술적 개입(artistic intervention)'이라는 용어는 독일 베를린사회문화연구소의 안탈(Antal, 2009)이 처음 제시한 용어로 기업 내에 예술분야의 사람이나 작품, 또는 예술의 프로세스가 들어가 활동하는 것을 말한다. 예술적 개입은 예술가들이 조직 내로 들어가, 짧게는 1, 2시간에서 하루, 길게는 연간 단위의 과정을 조직이 상정한 이슈를 바탕으로 상호작용을 하는 일련의 활동을 말한다. 이는 기업의 내부적 이슈에 예술과 예술적 방식으로 협력하여 기업 측에 대안적이며 혁신적인 인사이트(insight)나 영감, 조직원들의 역량(소통, 리더십 등) 개발과 업무 방식 등에 교란적이나 건설적인 영향을 미칠 수 있다는 점을 전제하는 활동이다. '개입'이라는 단어를 사용함으로써 기업 내부에 깊이 배어있는 일상성과 관점에 예술이 끼어드는 시도임을 전제한다(서지혜, 2017).

기업과 예술을 연구하는 학자들에 의해 사용되는 예술적 개입과 유사한 용어로는 '예술적 학습 협력(artful learning alliances, DarsØ, 2004)', '노동 예술(work arts, Barry & Meisiek, 2010)', '예술기반 이니셔티브(arts-based initiatives, Schiuma, 2009)', '예술기반 학습 프로그램(arts-based learning programs, Boyle & Ottensmeyer, 2005)', '예술기반경영(arts-based management, 장대철, 2012)' 등이 있다(서지혜, 2017).

Darsø이 사용한 '예술적(artful)'의 개념은 직장에서 개인의 감정과 정신을 발휘하는 직원들의 에너지를 강조한 Richards(1995)의 '예술적 업무 (artful work)'에서 차용한 것으로 "인간의 내면을 변화시키는 예술적 경험으로 특별한 종류의 지각을 열 수 있도록 하는 풍부한 예술"(Darsø, 2004)을 의미한다. Barry와 Meisiek(2010)가 예술 작업이 예술 그 자체보다 기업에 가치를 부여하는 활동으로서 기능을 하거나 영향을 미치는 데에 초점을 둔다는 점에서 '노동 예술'이라고 칭했다면 Schiuma(2009)는 어떤 규모나 형태의 활동도 아우르고자 '이니셔티브(Schiuma, 2011)'라는 용어를 사용했다. Schiuma(2011)는 경영의 난제와 비지니스 문제를 다룸에 있어서, 조직의 가치창출 역량에 영향을 미치는 조직원과 인프라 개발을 위한 경영 기획 하에 예술을 적용하는 것으로 예술기반 이니셔티브를 정의하였다. 또한, 기업이 단기로 구체적인 조직 이슈를 다루는 활동을 '예술-기반 개입'으로, 1~6개월 정도의 기간에 걸쳐 기업의 가치에 영향을 줄 만한 인력 또는 조직 개발 차원의 활동을 '예술-기반 프로젝트'로, 기업에서 여러 프로젝트를 복수의 목적을 두고 운영하는 경우 '예술-기반 프로그램'으로 구분한 바 있다. 이렇듯 용어는 달리 사용하고 있지만 기업 및 기업의 니즈를 근간으로 예술이 결합하여 기업 차원의 가치를 발생시키는 데에 목적을 둔 협업으로서의 특징은 공통적이다(서지혜, 2017).

예술적 개입의 발전

예술적 개입 차원의 이론 개발은 Darsø(2004)의 '기업내 예술 (arts-in-business)' 모델이 근간을 마련했다고 해도 과언이 아니다. 예술이 기업 내에서 활용되는 방식을 치장, 엔터테인먼트, 도구, 전략적 변환의 네 가지로 나누며, 예술기반 학습은 이 중 경영 관리에 필요한 조직원들의 리더십이나 커뮤니케이션 스킬 개발이나 팀 빌딩 등을 위한 도구로서의 방식과 조직의 비전과 가치, 혁신과 마케팅 등 조직의 전략적 층위에서 예술을 결부시키는 두 가지 방식을 강조한다. 그녀는 동료 Dawids와 함께 '예술기반 학습'이 기업 성과를 향상시킬 수 있다는 점을 조직원의 역량과 행동 변화 등을 근거로 제시하며(Darsø & Dawids, 2002) 예술기반 학습의 이론화 작업에 기초를 마련하였고(Darsø & Dawids, 2003), 이를 바탕으로 '기업 내 예술' 매트릭스를 개발하며 예술을 통한 학습 프로세스의 개념도와 접근 과정, 학습성과의 차원들을 이론화하였다(Darsø, 2004). 이는 이후 학자들의 예술기반 학습 담론(Adler, 2006; Nissley, 2008, 2010; Taylor & Ladkin, 2009)에 초석을 제공했다(서지혜, 2017).

초기의 예술적 개입은 기업에서 시도하여 주로 기업적 목적과 가치에 집중한 반면, 2000년도부터 유럽의 전문매개조직을 중심으로 개발되기 시작한 예술적 개입은 예술가들의 전문성

개발의 목표를 포괄한다(Antal, 2012). 즉 예술적 개입이 기업에게 경쟁력과 혁신역량을 확보하는 전략적 대상이 되는 것처럼 예술가들에게 기업 역시 창작활동을 이어갈 수 있는 창작역량과 사회적 역량, 경제적 역량을 확보하는 협력 대상이 된다.

국내의 경우에는 한국예술종합학교에서 문화부 사업으로 시작된 '아르꼼 사업(2011~2013)'을 운영하면서 예술적 개입에 대한 관심이 모아지기 시작했다. 이후 예술적 개입에 대한 가치와 적용의 타당성과 접근법 등이 학술적으로 제시되며(최윤정·전수환, 2012; 전수환·신소영, 2013), 마침내 한국예술인복지재단의 예술인파견지원사업(예술路(로))으로 연계되어 오늘까지 이어지고 있다.

예술적 개입의 주체

예술적 개입에는 3개의 주체가 존재한다. 첫 번째 주체는 예술가로 기업에게 예술을 전달하는 역할을 수행한다. 두 번째 주체는 기업으로 예술가에 의해 예술을 받아들인다. 세 번째 주체는 매개체(전문매개조직)로 예술가와 기업을 연결하는 역할을 담당한다. 결과적으로 예술적 개입의 주체는 다자로 구성되며 이는 다중 이해관계자로 역학 관계적 특성이 존재하고 있음을 알 수 있다.

[그림14] 예술적 개입의 3주체

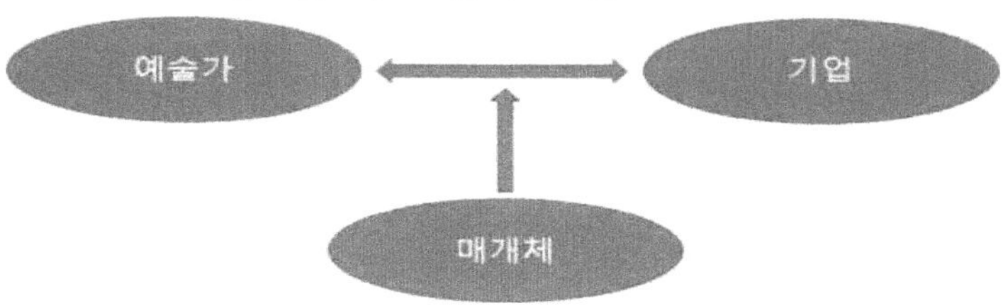

① **예술가**

예술가는 실제 예술을 수행하고 작품 활동을 하는 사람으로 예술에 전문성을 가진 사람들을 말한다. 예술가의 범위를 어디까지로 할 것인가는 다양한 견해가 존재한다. 이는 예술전공자인지 예술의 실무적 경험의 보유 등 예술의 전문성과 관련이 있으며, 또한 음악, 미술, 무용, 문학 등 예술의 유형의 범위를 어디까지 포함시킬 지와도 관련되어 있다.

② **기업**

예술적 개입의 대상자로 예술적 개입의 직접적인 수혜자가 된다. 예술적 개입에서 예술적 개입의 대상자는 기업 뿐 아니라 일반 기관을 포함하기도 하나 본서에서는 범위를 좁혀 기업으로 한정한다.

③ **매개체**

예술의 잠재 가치와 효과성을 기업의 조직적 목표와 전략하에 실현시키는 과정에서 이 둘 간의 간극을 매개하고 소통시키는 매개자 역할의 중요성은 아무리 강조해도 지나치지 않다(Antal, 2012; Schiuma, 2011; Vondracek, 2013). 매개체는 경우에 따라 프로듀서로 불리기도 하고(Grzelec & Prata, 2013; Vondracek, 2013), 매개 조직(Antal, 2009), 매개자(intermediaries)(Antal, 2012), 에이전시(Staines, 2010), 프로세스 지원책, 창조적 브로커/에이전트 등 다양하게 불리고 있다.

Darsø(2005)는 예술과 기업 간 소통의 간극을 좁혀주는 역할로, 예술가들이 조직의 구체적 니즈를 이해시키고, 예술가들이 자신이 지닌 여러 예술적 프로세스의 자산을 조직 경영을 진보, 개발시키는 데에 효과적으로 적용할 수 있도록 도와주는 새로운 컨설턴트로 명명하며 매개체를 정의한 바 있다. 조직의 혁신을 촉매하는 예술가들의 활동에 대한 연구들은 주로 예술가의 활동이나 예술이 기업의 목적이나 이슈를 해결하는 데에 어떻게 적용되었는지를 중심으로 그 효과성과 방법론적 측면에서 이루어졌다(Darsø, 2004; Bartelme, 2005; Schiuma, 2009). 반면 그 적용을 촉매하고 성과를 매개하는 매개자에 대해선 그 중요성은 종종 언급되어 왔으나 관련 연구는 미흡함을 지적하고 있다(서지혜, 2017).

매개체의 역할은 크게 보면 매칭-실행-평가로 구분해 볼 수 있다. 즉 예술가와 기업을 찾아 매칭하고, 이 두 주체가 프로젝트를 실행하도록 도움을 주며 모니터링하고 최종적으로 그 결과를 평가하여 피드백한다. 매개체의 역할에 대해 Antal (2012)은 다음과 같이 9가지로 구분하고 있다.

첫째, 예술가와 조직을 찾아, 매칭하고, 계약을 성사시킨다.

둘째, 프로젝트의 초점을 명확히 하는데 도움을 준다.

셋째, 펀드를 찾는데 도움을 준다.

넷째, 과정을 구조화하는 프레임워크를 제공한다.

다섯째, 나타날 수 있는 갈등을 고민한다.

여섯째, 정부당국자와 미디어와의 의사소통을 한다.

일곱째, 진행과정을 모니터링 한다.

여덟째, 결과를 평가한다.

아홉째, 프로젝트 간 횡적 발전을 자극한다.

매개체와 관련하여 주의 깊게 들여다보아야 할 것은 매개체의 자격에 대한 것이다. 일반적으로 지금까지의 예술적 개입의 연구들은 매개체의 자격을 예술가로 한정하는 경향이 있다. 즉, 예술가를 중심으로 하는 조직이나 예술가들이 그 역할을 담당해야 하는 것으로 인식하는 경향이 크다. 실제로 우리나라 한국예술인복지재단에서 시행 중인 '예술인파견지원사업-예술路'의 경우 참여할 수 있는 매개체로 예술 활동증명을 확인 받은 자로 한정하고 있다. 이때의 매개체가 되는 대상은 예술가나 관련 지원 및 기획인력으로 한정하고 있다. 이 때문에 이에 대해 의문을 제시하는 쪽에서는 예술적 개입은 예술가와 기업 간의 문제로 반드시 예술분야의 종사자가 매개체 역할을 수행해야하는 것은 상당한 문제가 있다고 여기고 있다. 오히려 기업을 제대로 이해하기 위해서는 매개체만큼은 예술가가 아닐지라도 예술과 기업을 모두 이해하는 특정한 전문가가 그 역할을 담당해야 한다는 것이다. 즉 예술과 경영에 특화된 전문화된 매개자가 필요하다는 것이다.

해외 매개체의 사례

예술적개입의 3주체인 예술가, 기업, 매개체는 성공적인 예술적개입을 추진하기 위해서 모두 중요하다. 하지만 이 가운데 매개체는 예술가와 기업을 이어주는 역할을 수행한다는 점에서 예술적개입이 등장하기 전에는 없던 주체이다.

주요한 해외 매개체에 대해 소개하면 다음과 같다.

[매개체 사례 1] Arts&Business in UK[5) : 예술과 경영의 만남을 지원

예술 기관/단체 컨설팅 및 기업에 예술을 사용하는 경영 컨설팅을 제공하는 영국의 단체로, 1979년 설립되었으며, 기업에게는 기업의 요구에 가장 잘 맞는 예술의 활용에 대한 컨설팅 프로그램을 제공하고 있다. 기업들과의 네트워 크를 이용하여 예술 프로젝트에 대한 기금마련 등의 컨설팅을 제공하며, 예술가에게 경영환경에서 일할 수 있도록 하는 훈련 프로그램을 제공한다. 또한 예술프로그램에 지원하는 회사와 예술가 및 예술조직을 연결시키는 역할까지 수행하고 있다.

Google, Bank of America Merrill Lynch, BP 등의 유수한 글로벌 기업을 고객 사로 확보하고 있으며, 영국 예술위원회, 영국 문화/미디어/스포츠 부 등 공공 /민간 기관과의 파트너십 하에 영국 전역의 예술에 대한 민간부문 정책의 수립과 실행에 본산 역할을 수행한다. 대표적 컨설팅 프로그램인 창의력 훈련 워크숍은 국제적으로 성공한 연극기업인

---

5) http://artandbu- siness.org.uk

Meagerie와 함께 진행하며 커뮤니케 이션, 팀빌딩, 창의력 및 혁신을 위한 연극, 음악, 영상을 도입한 프로그램을 진행하고 있다(장대철, 2012).

[매개체 사례 2] Americans for the Arts[6] : 예술기반 기업훈련 제공

예술지원단체인 Americans for the Arts에서는 2005년부터 기업과 예술 공동체 간 협력을 촉진하기 위해 Arts & Business Partnership 프로그램 및 단체를 운영하고 있다.

특히 예술을 위한 경영의 자원봉사 프로그램은 비영리 예술단체의 경영을 개선하고, 경영전문가에게 그들이 속한 지역사회에 기여하고 예술에 직접 참여할 수 있는 기회를 제공하며, 경영자에게는 예술의 영역에서 경영 리더십을 증가시킬 수 있도록 한다. 1975년부터 시행되어 100만 달러 이상의 가치가 있는 서비스의 기부를 창출하였다고 한다. 더불어 예술기반 기업훈련 (Corporate Training)은 다양한 예술을 통해 직원의 능력을 개발하는 활동으로 60여 개가 넘는 기업이 이 단체를 통해 훈련을 시행해왔다(장대철, 2012).

[매개체 사례 3] TAI Group: 연극기반 훈련프로그램을 제공

TAI Group은 연극에 기반 한 훈련을 통해 리더십 및 조직의 변화를 위한 새로운 방향을 제시하는 컨설팅 회사이다. 31년 간 기업과 개인들의 요구에 맞추어 프로그램을 제공해 왔다. 의미 있는 협력의 육성(Fosters meaningful collaboration), 혁신과 창의력이 발휘될 수 있는 환경의 촉진(Promotes an environment in which creativity and innovation thrive), 영감을 줄 수 있는 리더와 조직의 육성을 목표로 예술가-컨설팅 코치를 양성하여 리더십 개발, 커뮤니케이션 촉진, 조직개발 프로그램을 제공한다(장대철, 2012).

---

6) http://artsu- sa.org

[매개체 사례 4] The MAP Consortium: 연극기반 훈련프로그램을 제공

영국에 기반을 둔 예술가 집단으로 기업의 창의력, 팀빌딩 등 학습 및 능력 개발에 다양한 도구를 제공하고 있다. 이 단체의 특징은 기업, 공공 및 교육 분야의 요구에 맞추어, 연극, 무용, 글쓰기 등 각 상황에 맞는 프로그램을 설계하고 그에 맞는 예술가들로 컨소시엄을 구성하여 고객을 지원하는 것이다.

대표 프로그램의 하나인 뮤즈(Muse)는 예술가와의 대화를 통해 문제를 재조명하고, 조직의 문화를 다시 만들고, 비전을 다시 세우는 활동으로 성과를 거두고 있다(장대철, 2012).

[매개체 사례 5] The Bigger Picture in Denmark: 그래픽 레코딩 및 전략기획 지원

기업의 경영이슈를 그림 및 애니메이션으로 표현하여, 복잡한 경영문제의 본질의 논의할 수 있도록 돕는 그래픽 레코딩(Graphic Recording) 서비스를 제공하는 덴마크 기업이다. 2003년 설립되었으며, 15명의 각 분야의 전문가로 구성. 전략컨설턴트, 일러스트레이터, 교육 코디네이터, 영화제작자 등 다양한 분야의 전문가가 팀을 이루고 있다. 파워포인트로만 이루어졌던 회의에서 그림으로 내용을 전달하고, 그림을 통해 회의의 결과를 기억에 남게 요약하며, 애니메이션을 이용하여 사업의 본질을 전달하고, 비전을 나타낸다. 제공하는 서비스는 그래픽 레코딩(Graphic facilitation), 이벤트 요약(Event summaries), 커뮤니케이션 및 대화의 도구 제공(Communication and dialogue tools), 애니메이션 비디오 제작(Animated videos), 그래픽 레코딩 교육(Graphic facilitation training) 등이 있다(장대철, 2012).

[매개자 사례 6] Think Like a Genius(TLG) : 조형물 전략기획 및 비전 정립 프로그램

Think Like a Genius(TLG)는 “메타포밍”프로세스를 이용하여 혁신과 경영 문제 해결을 가속화하기 위해 고안된 혁신 워크샵을 제공하는 프로그램이다. 경영 문제를 나타내는 5D 상징모델을 제작하면서, 이를 메타포로 이용하여 경영문제를 탐구한다. 5D 상징모델은 단어(words), 이미지(image), 움직임(motion), 물체(object), 상징(symbolism)을 이용하여 의미를 표현하는 것을 뜻한다. 이를 통해 기업의 혁신과 문제해결을 가속화하고, 현재 경영 문제를 새로운 방법으로 접근하며, 직원들의 혁신적 사고를 이끌어내고 잠재하게 하며, 기업의 로드 맵을 구체화하고 있다(장대철, 2012).

국내 예술적 개입 사례 : 아르꼼과 예술인파견지원사업

우리나라에서 예술적 개입에 대한 관심은 아르꼼(arcom)에서 시작해서 현재 예술인파견지원사업으로 계속 이어지고 있다고 할 수 있다. 아르꼼은 한국예술종합학교 산학협력단에서 수행한 예술적개입 프로젝트이다. 넥슨코리아의 다큐멘터리제작, 다음커뮤니케이션의 예술인과 직원의 협력작업공간 설치 및 회의 예술인 초청 등이 참여 사례이다.

예술인파견지원사업은 아르꼼에서 발상의 단초를 찾아 2013년 말부터 한국예술인복지재단에서 시행된 정부지원사업이다. 예술적 개입의 개념에 기초해 예술가를 통해 기업이나 기관에 새로운 가치를 부여해보자는 발상에 기초해 기업에 요구되는 혁신과 변화를 유도하며, 예술가들에게는 현장실행을 통해 예술노동시장의 개발과 역량의 강화 기회를 부여하고자하는 목적으로 시행되어오고 있다.

이 사업을 시작한 이후 2014년부터 2019년까지 기업 및 기관에 수많은 예술인이 파견되었다. 특히 본 사업이 예술가들의 일자리와 연계되면서 정부의 예산이 크게 확대되어 왔다.

하지만 정부예산의 확대와 더불어 확산되는 예술적 개입이 과연 본래의 취지와 접근으로 기업 내에서 구현되고 있는지에 대한 의문이 제기되기도 한다(서지혜, 2017).

현재 이루어지고 있는 예술인 파견지원 사업의 수행 직무유형은 점진적인 변화를 거쳐왔으며, 2016년부터 변화된 모습은 <표 9>와 같이 나타낼 수 있다.

〈표9〉 예술인파견지원사업 직무유형

직무유형	주요 내용
조직문화	조직문화개선, 생산성 향상을 위한 프로그램
복리후생	재충전 휴식기회 제공 등 직원 복지프로그램
교육훈련	직원 역량강화 프로그램
제품기획	기존제품에 예술적 감성을 더하는 작업
홍보·마케팅	예술적인 홍보자료, 마케팅을 기획
사회공헌	예술을 통한 사회공헌 콘텐츠를 기획·개발
자원재생	지역에서 폐자원을 자원화하기 위한 노력에 예술적 개입

자료: 김현종 외(2019)

Tip

예술인 파견지원사업-예술路

<사업목적>

예술인 파견지원사업-예술路(로)는 예술인의 사회적 가치 확장을 위해 다양한 예술직무영역을 개발하고 사회

(기업·기관 등)와 협업하여 직무를 제공함으로써 적극적 예술인 복지를 실현하고자 진행하는 사업이다.

예술적 기획, 협업구조를 제시하여 문화의 창조성이 사회 전 부문에 접목되고 이를 통해 문화, 산업, 경제에서 예술인의 가치를 확대하는 데 목적을 두고 있다.

<사업구조>

2019년 예술인 파견지원 사업-예술路(로)는 공모사업, 협업사업 및 기획사업으로 구분하여 추진하였다.

공모사업은 사업참여를 희망하는 예술인 및 기업·기관을 모집, 심의하고 매칭한 뒤 예술협업활동의 주제, 방향, 기획 및 실행단계를 자율적으로 협의·추진한다. 총 660명의 예술인, 124개의 기업·기관이 공모사업을 진행하였다.

협업사업은 연계기관과 협력하여 기업·기관·마을을 섭외하고 보다 구체적인 협업주제 안에서 예술활동을 기획하고 수행한다. 2019년에는 농협중앙회, 워터웨이플러스, 지역문화진흥원 여가친화기업이 연계기관으로 함께 했으며 총 166명의 예술인, 47개의 기업·기관·마을이 협업사업을 진행하였다.

기획사업은 예술인 및 기업·기관이 팀을 이뤄 사전에 기획한 예술협업활동을 수행한다. 2019년 총 175명의 예술인과 36개의 기업·기관이 기획사업을 진행하였다.

<사업내용>

예술인파견지원 사업-예술路(로)의 공모·협업사업은 예술인과 기업·기관·마을을 매칭하여 최대 8개월간 협업할 기회를 제공하며, 기획사업은 예술인과 기업·기관을 팀단

위로 함께 선정하여 6개월간 협업활동을 한다.

활동기간 동안 예술인은 기업·기관·마을의 조직문화를 경험하고 다양한 예술인과 함께 새로운 방식으로 협업할 수 있으며, 기업·기관·마을은 창의적 예술방식을 통해 이슈를 해결하거나 이전과는 다른 형식의 행사, 공연, 워크숍 등을 기획하여 진행할 수 있다.

2019년 예술인 파견지원사업-예술路(로)는 1,001명의 예술인과 207개의 기업·기관·마을이 협업하여 활동하였다. 공모·협업사업은 퍼실리테이터 약 8개월(4-11월), 참여예술인 6개월(6-11월) 동안 기업·기관과 협업하였으며, 협업 농협사업은 리더예술인 5개월(7-11월), 참여예술인 4개월(8-11월) 동안 활동하였다. 기획사업은 리더예술인, 참여예술인 모두 기간(5-11월) 중 6개월의 활동을 진행하였다. 예술인의 활동비(퍼실러테이터, 리더예술인: 월 130만원, 참여예술인: 월 120만원)는 전액 국고에서 지원되었으며, 프로젝트 진행을 위한 공간, 회의비 및 재료비 등은 협의를 통해 기업·기관·마을에서 제공하였다.

- 2019 예술인 파견지원사업 사례집 -

예술적 개입의 사례

[Harcourt Assessment] TAI Group의 연극프로그램 활용 (Thomson,2010)의 사례 (연극을 이용한 리더십개발과 협력증진)

2006년 미국을 대표하는 각종 인증시험 및 평가와 출판사업 기업인 Harcourt Assessment의 CEO는 리더십과 조직 내 협력에 문제가 있다는 것을 발견하였다.

이로 인해 고객의 수가 줄고 재정적으로 도 문제가 발생하였다. 조직 내 협력과 리더십을 강화하기 위해 연극에 기반한 훈련을 제공하는 컨설팅 회사인 TAI Group과 함께 개인들의 창의력과 리더십역량, 협력 향상에 초점을 맞추어 연극에 기반 한 다양한 프로그램을 진행하였다. 직원들 간의 개인적인 스토리를 공유하고, 서로 간에 솔직한 피드백을 주고받게 하였다. 업무환경에서의 실제 사례에 기반한 연극을 통해 자신이 다른 사람과 함께 일하는 방법을 객관적 입장에 볼 수 있도록 하였다.

프로젝트 결과, 2006년 중반 위험했던 재정상태가 2007년에는 회복되었고, 직원만족도 조사 결과, 분명한 태도의 변화가 있음을 확인할 수 있었다(장대철, 2012).

[NTT communications] 조형물을 이용한 전략기획 사례 (조형물을 이용하여 공동의 목표수립)

전 세계 30개국에 지사 및 자회사를 가지고 있는 글로벌 통신회사인 NTT communications는 미국의 웹호스팅 회사인 Verio를 인수했을 때 서로 다른 문화 (동양과 서양)와 경영철학을 가지고 있는 규모가 큰 두 회사가 합병되면서 문화적 통일성과 협력이 문제로 대두되었다. 문제해결을 위해 NTT와 Verio를 대표 하는 27명의 고위관리자(senior executives)들을 대상으로 조형물을 사용하여 문화를 뛰어넘은 협력모델을 개발하는 전략기획세션을 진행하였다.

조형물을 만드는 과정은 사람들 간의 의사소통을 증진시켰고, 팀워크를 강화시켰으며, 공통의 목표와 미래에 대해 깊이 있게 이야기 나누며 공유하는 기회로 작용하였다. 궁극적으로 조직원들이 함께 조직의 전략을 깊이 생각하고, 공유하며, 전략을 구체적으로 표현할 수 있었다(장대철, 2012).

[Unilever] 창의력 자극을 위해 시인을 고용함 (시인을 고용하여 창의력을 자극함)

Unilever에서는 혁신을 중시하는 진취적인 문화를 만들기 위해 직원들과 관리자를 대상으로 예술기반 교육 프로그램들을 실시하고 있으며, 연극, 그림, 시 등 여러 가지 형태의 예술을 창의력의 촉매로 사용하였다. 그 일환으로 시인을 제품 개발센터에 고용하였으며, 시인은 팀에 합류하여 직원들에게 계속해서 감성적인 직관(insight)을 제공하였다.

프로젝트 결과, 시인이 속해있던 섬유유연제 혁신그룹의 조직원 전체가 예술의 직관과 창의적 상상력을 함양하여 여러 다른 제품들의 혁신그룹들 중에서 가장 창의력이 뛰어난 그룹으로 회사 내에서 명성을 쌓게 되었다(장대철, 2012).

유니레버 그룹 산하의 두 기업인 엘리다 파베르줴와 레버 브라더즈가 합병되면서 탄생한 레버 파베르줴는 조직의 이질감을 극복하고 직원 화합과 창의력을 개발하기위해 캐털리스트(Catalyst:촉매)라는 대규모 예술프로젝트를 추진했다. 외부의 예술가를 회사의 정식 직원인 예술감독으로 임명하였고, 직원들의 정서적 이질감을 해소하기 위해 연극인의 지도를 통한 상황극 연출, 시인으로부터 작문능력, 연극배우로부터 발표능력과 고객과의 의사소통 능력, 미술가로부터는 창의적 사고력 등을 배우고, 사내에도 미술, 사진작품들을 전시하여 일상 속에서 문화예술을 즐기는 기업 분위기를 조성하였다. 캐털리스트가 시행된 첫 해에는 전 직원의 80%가 자발적으로 참여했으며 4년이 지나고 나서도 전체 직원들의 70%는 여전히 한 가지의 캐털리스트 활동에 참여하고 있으며 직원들의 열성은 처음보다 훨씬 더 강해졌다. 유니레버그룹은 캐털리스트라는 예술 활용 프로그램을 통해 직원의 창의성을 향상시키고 조직 간 소통과 화합을 이끌어냈으며 이를 통해 재무 실적도 향상되는 성과를 거둘 수 있었다. 캐털리스트 예술프로젝트는 예술콘텐츠와 예술의 방법론을 적절하게 활용하여 예술이 기업 내부에서 할 수 있었던 역할의 한계를 뛰어넘어 진정한 예술의 역할이 무엇인지를 잘 보여주는 경영미학(예술기반 창조경영)의 대표적인 성공사례라 할 수 있다(김소영 등, 2016).

[benefEx benefit consulting] 밴드그룹 운영방식 적용 (밴드경험을 살린 경영관리 지표개발)

이 회사의 CEO는 헤비메탈 밴드리더로서의 경험을 활용하여 컨설턴트들의 회사에 대한 충성도/몰입도(commitment)를 확인하는 경영관리 지표를 개발하였다. 이를 통해 컨설턴트들의 이직률이 감소하면서 교육비용이 50% 감소하였고, 적은 인원으로 많은 이익을 창출하는 효율성 높은 컨설턴트 집단을 보유하게 되었다(장대철, 2012).

[ITV] 새로운 조직문화 구축 (연극 워크샵)

영국의 가장 큰 TV네트워크인 ITV는 서로 다른 조직문화를 지닌 여러 기업들이 합병된 기업으로 무엇보다 직원 간 원활한 소통이 가능한 새로운 조직문화를 구축하는 문제를 해결해야 했고, 이를 위해 ITV는 연극 워크숍을 활용하기로 했다. 직원들을 인터뷰하고 관찰하여 기업의 상황과 문제를 묘사하는 창작연극을 워크숍에서 공연하고, 이후 직원들에게 연극에서 나타난 장면의 행동들을 어떻게 고치면 좋을지 의견을 모아 직원들이 제안한대로 연극장면을 고쳐 다시 연기하는 방식으로 연극 워크숍을 진행하였다. 이러한 과정을 통해 직원들은 자신의 행동을 반성하게 되고 조직의 가치에 대해 이해하고 공유하는 과정을 통해 조직의 새로운 문화를 수용하고 조직행동 적응력이 제고될 수 있었다. 조직의 문화적 이슈에 대해 업무현장에서 직원들 간 대화가 증대되는 등 조직 내소통이 활발해지고 직원들 간 관계가 좋아지며 협동이 증진되는 성과와 함께 이직률이 감소하는 효과도 거두었다. 연극이 만들어지는 방법론을 조직 내부에 접목시켜 조직경영의 문제를 효과적으로 해결한 것이다.

[포스코] 새로운 조직문화 구축(사내 직원 놀이공간 포레카 개설)

포스코는 경영패러다임의 변화에 따라 새로운 경영방식이 필요한 상황에서 창조와 혁명이라는 가치를 추구하는 비즈니스 3.0전략의 구체적인 실천을 위해 조직의 창의력 향상과 창의 문화 조성을 위한 공간으로 사내 직원용 놀이공간인 포레카(포스코+유레카)를 개설했다. 포스코는 관리형 인재상에서 창조적 글로벌 인재를 육성하기 위해서는 창조, 몰입, 재미, 감성과 같은 키워드로 표현되는 새로운 조직문화 구축이 절실했고 이런 배경 아래 포레카가 탄생한 것이다. 포레카의 목표는 직원들의 창의력을 계발하고 창조적 조직문화 구축을 통해 기업의 경영성과에 기여하는 것이다. 동호회와 직원이 콘텐츠 운영의 주체가 되어 재미와 몰입을 통해 창의력을 증진시키는 것을 기본 방향으로 삼았다.

이를 위해 직원들은 수채화, 아트드로잉, 피아노 연주 및 감상 등의 예술체험을 통해 내적 영감을 발견하는 재미를 경험하게 하고, 스토리텔링 클럽과 상상 오락관 등의 창의력 증진 프로그램으로 몰입의 즐거움을, 시와 사진 창작프로그램을 통해서는 창조패턴을 습득하는 것이 가능하도록 했다. 포레카를 통해 직원들의 창의 역량이 향상되면서 조직 내커뮤니케이션 활성화가 이루어졌고 동기부여 수준도 높아졌다고 한다.

[픽사] 창의적 조직문화 구축 (예술교육 경영시스템 구축)

픽사는 예술교육을 통한 직원 창의성 제고 시스템을 구축하는 형태로 예술기반창조경영을 실시하였다. 픽사는 조직의 벽을 없애고 창의적 아이디어를 함께 개발할 수 있는 조직문화를 구축하고 지속적으로 직원들을 예술가로 키울 수 있는 경영시스템을 구축하기 위해 픽사대학을 설립하였다. 픽사대학의 학장으로는 저글링곡예단 창립 멤버인 랜디 넬슨을 고용하였으며, 랜디 넬슨은 기업 내 소프트웨어 설계사, 마케터, 요리사들이 함께 배울 수 있는 커리큘럼을 기획했고 이는 예술교육으로 확대되었다. 영화제작, 회화, 조각, 글쓰기 등 110여개의 코스가 운영되고 있으며 직원들은 1주일에 적어도 4시간씩 교육을 받는다. 픽사대학은 기술분야와 예술분야의 경계를 허무는 데 주력하여 기술분야 전문가에게 예술적 기질을 발견하도록 유도하고, 예술만 알던 예술가에게는 기술적 장점을 끌어낼 수 있도록 교육을 실시한다. 픽사대학은 직원들 간 커뮤니케이션이 활발해지고 직원의 창의성을 지속적으로 높여 기업 성장의 원동력이 되었다.

7. 실천적 기법으로서의 경영미학 4 : 미학경영(예술적지향성)

미학경영과 예술적 지향성의 개념

미학경영은 (aesthetic management)은 예술을 기업전반에 적용하여 경영의 효과를 높이고자 하는 경영미학의 한 부분으로 볼 수 있다. 그리고 예술적지향성(aesthetic orientation)은 미학경영의 대표적 개념으로 볼 수 있으며, 경영미학적 관점에서 볼 때 예술을 기업전반에 걸쳐 활용하고자 하는 예술과 경영의 가장 발전된 통합적·융합적 개념이라고 할 수 있다.

예술적지향성은 한은수(2018)에 의해 처음으로 제시된 개념으로 예술적 특성과 이에 대한 조직의 추구경향을 의미한다. 예술적지향성은 예술의 개념적 특성을 개인과 조직에 적용시킨 구성개념으로서 전문적 예술가의 기업에서의 활동을 의미하는 예술적역량과는 구별되는 개념이다. 예술적지향성은 2개의 개념으로 구성된다. 첫째는 예술성으로 대표되는 예술적 특성이다. 예술의 개념적 특성들은 인간의 현실적 정서성, 승화된 아름다움(미), 일정한 예술적 형식, 카타르시스와 같은 특별한 감동 등으로 요약할 수 있다. 두 번째는 이러한 예술적 특성을 조직에 적용시키는 의지, 즉 '추구'와 관련된다. 따라서 기업에게 예술적지향성이 있다는 것은 기업이 예술성을 가지고 있으며, 이 예술성을 기업에 적용시키려는 의지, 즉 예술성을 기업운영에 적용하여 추구하는 경향이 크다는 것이라 할 수 있다.

결과적으로 예술적지향성이라 함은 예술적 특성과 이에 대한 조직의 추구경향을 의미하며, 여기서 개인적 수준에서의 예술적지향성이란 기업이 조직으로서 추구 가능한 범위나 영역을 기능과 외관적 관점에서 어느 정도나 추구하려는가에 대한 개인의 동의 경향이라고 할 수 있다.

예술적지향성의 측정

예술적지향성의 측정은 예술적 특성에 대한 부분과 실제 기업의 기능 및 외관적 측면을 결합하여 각 측면에서 어느 정도나 기업이 예술적 측면을 추구해야 하는가에 대한 개인의 동의정도를 물어보는 방법으로 측정하였다. 보다 세부적인 예술적지향성의 측정과정을 살펴보면, 우선 항목구성은 예술에 대한 선행연구를 토대로 예술적 특성을 아름다움, 새로움, 신기함, 감성, 정화 등으로 추출하였다. 다음은 기업의 기능적 활동과 형태를 기준으로 생산, 인력, 마케팅, 일반운영 등과 기업의 외관과 결합하여 이 영역에서의 기업이 추구해야하는 정도와 자신이 추구해야하는 정도를 묻는 설문지를 작성하였다. 다시 말해 경영학의 일반적 과정론에 입각하여 경영의 기능을 재무, 생산, 마케팅, 인사관리로 구분하고 이중 예술적 표현이 가능한 영역인 생산의 제품, 마케팅의 홍보와 광고, 인력관리의 교육적 관점에서 설문문항을 구성하였고, 이 외 포함되지 않는 경영사항으로 일반운영을 포함하였으며, 그 외에 예술적 표현이 가능한 부분으로서 건물 외관상에서의 예술적 표현 추구 경향을 추가하였다(한은수, 2018).

〈표10〉 예술적지향성의 측정 척도

기업의 기능적활동과 형태	예술적 특성 **(아름다움, 새로움, 신기함, 감성, 정화)**
생산(제품)관리	나는 우리 회사 **제품에** 예술적 측면이 강조되어야 한다고 생각한다.
인력관리	나는 회사가 **종업원들에게** 평소 예술적 측면을 강조해야 한다고 생각한다.
마케팅관리	나는 우리 회사의 **제품판매(홍보, 광고 등)에** 예술적 측면을 반영/활용해야 한다고 생각한다.
일반운영관리	나는 전반적인 **회사운영에** 예술적 측면이 강조되어야 한다고 생각한다.
외관	나는 회사의 **건물이나 배치, 조경 등에 있어** 예술적 측면이 많이 강조되어야 한다고 생각한다.

주) 리커트 5점 척도로 측정
자료: 한은수(2018)

예술적지향성의 효과

궁극적으로 이러한 예술적지향성이 조직의 혁신 및 성과에 대해 갖는 중요한 의미는 이러한 예술적 특성이 개인이나 조직의 활동 및 활동의 결과물에 반영되는 것과 관련이 있다. 예를 들어 개인이 높은 예술적지향성을 가질 경우 자신의 업무에서 보다 높은 창의성을 발휘하려 하며, 보다 아름답고 세련되며, 고객의 높은 호응을 받을 것이다. 조직의 경우 높은 예술적지향성을 가질 경우 그 특성을 조직에 반영하여 그 조직은 보다 높은 세련미를 추구하며, 보다 혁신적인 제품을 우아하고 아름답게, 또 창의적으로 만들어 내고, 조직의 건물이나 시설물 등도 예술성을 지향하게 될 것이다(한은수, 2018).

한은수(2018)는 연구결과를 통해 예술적지향성이 기업의 혁신성을 대표하는 기업가정신과 혁신행동에 직접적으로 영향을 미치고 또 기업가정신을 통해 혁신행동에 간접적인 영향을 미치고 있음을 밝혀냈다. 또한 기업가정신과의 결합효과를 검증한 결과 예술적지향성과 기업가정신이 결합되어 있는 환경에서 혁신행동이 가장 크게 나타나고 있음을 밝힘으로써 예술적지향성과 기업가정신이 동시에 존재할 때 기업에서의 혁신이 높아질 수 있음을 입증하였다.

이러한 결과는 기업에서 예술에 대한 추구자체만으로 기업의 혁신을 증가시킬 수 있다는 것을 나타내 보여주는 것으로 예술과 경영의 융합으로서의 경영미학의 정점을 잘 보여주고 있다. 결국 어떻게 기업 및 구성원들에게 예술에 대한 추구경향을 높일 수 있는가에 대한 문제가 향후 과제로 등장한다.

8. 학문적 영역으로서의 경영미학

대학으로 들어온 경영미학

경영미학이 대학 안으로 들어온 것은 경영대학원의 교육과정을 통해서이다. 경영 대학과 MBA과정의 커리큘럼에 예술기반경영 관련 교육과정이 도입되고 있다(Darso,2005). 뉴욕의 Baruch College of the City University에서는 1999년부터 2003년까지 오케스트라(Orpheus Chamber Orchestra)를 초청하여 조직관리에 대해 배우고 있고, 1995년부터 메사추세츠 Babson College의 2년 과정 MBA에서는 첫 학기에 모든 학생들에게 예술에 관한 강도 높은 수업을 수강하도록 하고 있으며, 예술을 통한 창의력 교육을 위해 1997년부터 현재까지 소렌슨예술센터(The Sorenson Center for the Arts)를 운영하고 있다. 또 Columbia University Graduate School of Business의 Senior Executive Program(CSEP)에서는 리더십과 팀웍을 가르치기 위해 재즈, 연극, 그림 컬렉션 등 예술을 활용하고 있으며, 영국 옥스퍼드 대학의 Oxford University's Strategic Leadership Program(OSLP)에서는 시, 연극, 음악 등 예술을 리더십 개발 프로그램에 사용하고 있다.

이 외에도 미국의 Harvard University, University of Pennsylvania, New York University, University of Chicago 등의 학교에서 예술과정을 경영대학 커리큘럼에 도입하였으며, 유럽의 Cranfield School of Management in UK, Nyenrode University in The Netherlands, Copenhagen Business School 등에서 예술과 경영의 시너지를 찾는 시도가 이루어지고 있다(장대철, 2011).

경영미학의 학술적 연구 동향

조직의 심미성 또는 예술의 적용에 대한 연구는 1960년대부터 시작되어 본격적으로는 1990년대부터 기업의 경영활동에 예술을 적용하는 것에 대해 연구하기 시작하였고, 2000년대 들어 더욱 활성화 되고 있다. 지금까지의 문헌들은 연구방법론에 따라 이론연구와 사례연구로 분류할 수 있는데, 이론연구는 예술기반 경영의 효과를 개념적으로만 설명한 연구로, 예술이 경영에 적용되는 것의 당위성에 대한 문헌과 학술

/기업/예술분야의 활동 현황을 소개한 문헌 등으로 구분할 수 있다. 사례연구는 실제 기업 및 단체에 예술 기반경영이 사용된 사례를 통해 효과를 제시한 문헌들로, 전략/기획, 인사/조직, 마케팅 등 다양하게 그 효과를 제시하고 있다. 하지만 예술이 재무적 활동이나 생산활동에 사용된 사례에 대한 연구는 거의 없는 것으로 나타났다. 전반적으로 2012까지만 해도 대부분의 문헌들이 개념적이고 서술적인 내용으로, 인터뷰 기반의 정성적 연구이며, 몇몇은 서베이를 사용하기도 하였으나 예술을 경영에 적용하여 얻은 실질적인 효과를 정밀하게 측정하지는 못한 한계를 나타냈다(장대철, 2012). 그러나 2010년 중후반부터 경영미학의 연구들이 다양한 사례를 바탕으로 경영미학의 효과에 대한 연구들이 나타나기 시작했으며, 최근에는 예술적개입의 계량화나 예술적지향성과 같이 전반적인 예술의 특성들을 기업경영의 효과에 적용하려는 시도가 등장하였다(한은수, 2018).

독립적 학문분야로서 경영미학의 선도주자 예술적 개입과 예술적 지향성

다중이해관계자 관점의 연구자들은 매개기관 또는 매개자에 대한 연구를 조금씩 진척시키고 있다. 일찍이 Darsø(2005)가 예술가들이 조직경영의 가치 창출에 효과적으로 협력할 수 있도록 예술과 기업 간 소통과 이해를 지원하는 새로운 컨설턴트의 등장을 언급한 바 있었고 그 중요성은 여러 학자들에 의해 강조되어 왔다(Antal, 2012; Schiuma, 2011). 그러나 이 새로운 컨설턴트와 그 역할에 대한 연구는 정책 연구보고서(Vondracek, 2013)와 전문 매개기관에 대한 비교(Johansson-Sköldberg, Ulla, & Woodilla, 2014)와 기업측 매개자 (Zambrell, 2016)에 대한 연구 정도에 그치고 있다. 예술적 개입의 전개 활동을 이론화하거나 예술적 개입의 경영에 대한 연구 역시 부족하다. 스웨덴 TILLT에서 프로젝트(Airis) 실행을 위해 제시한 운영 프로세스 모델(Antal, 2011)이나 Schiuma(2011)가 조직 내에서 예술적 개입의 가치를 관리하기 위해 제안한 예술적 개입 프로젝트의 운영 프로세스 정도이다. 특히, 예술가들의 발현적이고 성찰적인 실행을 위해 프로세스 자체를 유형화하지 않으려는 경향도 있다(Antal, 2012)(서지혜, 2017).

9. 경영미학의 인프라

경영미학의 연구네트워크

경영미학의 연구네트워크로는 AACORN(Arts, Aesthetics, Creativity, and Organization Research Network, http://aacorn.net)을 들 수 있다. AACORN은 조직, 경영 그리고 업무환경 분야의 연구자 200여명이 소속되어 있으며, 온라인으로 연구에 필요한 자원 및 자료를 제공하고 있다. 이 네트워크는 학문적인 그룹이지만 많은 예술가와 경영자들이 포함되어 있으며, AACORN멤버들은 매년 Fringe Café라 불리는 세미나를 개최하고 있다(장대철, 2011).

또 다른 연구네트워크는 IDRIART(Initiative for Development of Intercultural & Interdisciplinary Relations Through the Arts, http://www.mihavision.com)를 들 수 있다. IDRIART는 예술가, 경영자, 학자로 이루어진 대규모 네트워크로 다양한 분야의 사람들이 예술이라는 테두리에서 만날 수 있는 창조적 환경을 만드는 것이 목표로 하고 있다. 예술을 경영에 적용하는 것뿐만 아니라 예술 치료 등 예술의 사회적 기능에 초점이 맞추어져 있다(장대철, 2011).

경영미학을 위한 연구 모임(컨퍼런스 등)

경영미학을 위한 연구모임을 소개하면 다음과 같다.

① APROS(Asia-Pacific Researchers in Organizational Studies) Conference: 4 - Art and design in manage- ment(http://www. apros.org/archives/24)

시, 연극, 조각품, 그림, 음악 등 예술과 경영의 관계에 대한 연구하며, 경영/관리자 교육에 있어서 예술의 활용에 대한 연구, 그리고 기존 경영이론을 발전시키는데 예술을 어떻게 적용할 수 있을 것인지에 대해서 연구한다.

② The Art of Management & Organization conference in Europe(http://www.aesthesiscreate.org)

2002년부터 런던을 시작으로 2년에 한 번씩 개최되고 있으며 2010년에는 터키 이스탄불에서 개최되기도 했다. 조직관리 및 조직을 이해하는 수단으로 예술을 사용하는 것에 대해 탐구하고 조직에서 예술의 활용을 촉진시키는 것을 핵심 목적으로 하고 있다.

10. 경영미학의 효과

예술과 경영의 융합이 그 의미를 가지기 위해서는 예술이 경영에 도입되었을 때 그 효과가 유의미하게 나타나야 한다. 만일 그 효과가 미미하다면 굳이 예술과 경영을 융합하거나 어느 한쪽을 협력의 파트너로 삼을 필요가 없다. 경영미학의 효과와 관련하여 다양한 연구들이 존재하는 바 그 대표적인 연구를 소개하면 다음과 같다.

예술기반 창조경영의 효과

김소영(2013)은 경영미학을 예술기반창조경영으로 보고 이의 활동을 통해 얻을 수 있는 효과는 다음과 같이 정리하였다.

첫째, 예술기반창조경영을 통해 조직원 개인의 창의성과 열정을 촉진할 수 있다. 픽사와 베네통이 오늘날 창의적 기업으로 명성을 가지기까지 예술교육이나 학교를 활용한 사례는 이러한 주장을 뒷받침하는 좋은 예이다. 교육학과 예술 분야에서 예술을 통한 창의성 제고에 대한 연구는 오랫동안 진행되어 왔다(Koster, 2009). 최근 경영학에서도 창의성에 대해 관심이 높아지면서 조직원의 창의성을 발현하는 환경에 관한 연구들이 진행되고 있고(예. Lyubomirsky et al., 2005; Baas et al., 2008) 그 매개체 중 하나로 예술 콘텐츠가 관심을 받고 있다. 소지연, 윤나라(2012)에 의하면 조직원들은 예술콘텐츠를 통해 창의성을 얻게 되고 문제해결을 위한 아이디어를 내게 되며, 자신의 아이디어를 실현 하고자 더 노력하게 된다고 한다. 예술을 통해 발현된 창의성에 의해 개인의 성과를 높인다는 것이다.

또한 문화예술은 개인의 행복감에 영향을 미치는 중요한 요인이다. 국민소득이 높은 국가일수록 경제적 여건보다는 문화활동, 스포츠, 종교와 같은 여가와 사회자본이 행복에 더 중요한 영향을 미치는 것으로 알려져 있다(Hills and Argyle, 1998; 한학진, 강혜숙, 2012). 한국은 OECD 국가 중 노동시간이 가장 길고 국민의 삶의 만족도가 낮은 국가이고(OECD 2011), 현실적으로 직장인들이 문화를 접할 시간을 내기가 쉽지 않다. 이때 예술기반창조경영을 통해 문화를 접할 기회를 제공한다면 조직원들의 삶의 만족도와 행복감을 고양시키는 계기가 될 수 있다. 또한 문화예술을 단순 관람하는 것보다는 능동 적이고 적극적으로 참여할수록 삶의 만족도는 높아지기 때문에 조직원들이 직접 참여하는 활동을 권장할수록 그 효과는 더 커질 것이다(Kelly, Steinkamp and Kelly, 1986).

둘째, 예술을 통해 기업이 안고 있는 조직의 문제를 해결할 수 있다. 기업이 성과를 내지 못하는 이유가 창의성의 부재도 있지만 조직원 간 소통의 부재, 부서 간 갈등 등 조직 내부적 문제인 경우가 더 많다. 이 같은 고질적인 문제를 해결하기 위해 예술을 활용한 기업들은 그 효과가 크다는 것을 입증하였다. 본문에서 소개한 영국의 ITV사나 유니레버 기업 사례는 연극, 미술, 글쓰기 등의 예술활동 참여를 통해 어떻게 사원들 간 커뮤니케이션이 증진되고 조직 내 소통과 화합을 이루었는지 잘 보여준다. 존루이스백화점은 예술을 활용한 후 조직만족도가 높아지고 고객서비스 수준도 올라가는 성과를 거두기도 하였다. 문화예술을 후원하는 회사의 종업원들이 자부심을 느끼게 되어 사기가 진작된다는 결과는 오래 전부터 검증된 바 있다(한국메세나협회, 2009). 결과적으로 문화예술은 조직 내 커뮤니케이션 활성화, 관계 증진, 화합력 증대, 동기부여, 창의적 조직문화 구축 등 조직 내부의 문제를 해결하는 매개체 역할을 한다. 그리고 이러한 창의적인 조직에서는 이직률도 낮아지고 개인의 성과가 높아지므로 기업의 성과를 올리는 결과를 가져온다.

셋째, 예술기반창조경영을 통해 회사의 외적 가치를 제고시킬 수 있다. 기업 간 제품의 기능 차이가 비슷해지는 상황에서 기업은 새로운 차별화 요소를 찾게 되었다. 물질만능주의, 환경문제 등 자본주의의 문제점이 드러나면서 소비자들도 사회에 공헌하는 기업에 우호 적인 태도를 보이고 있다. 예술기반창조경영의 초창기 형태인 기업의 문화예술 후원에 관한 연구들은 그 결과로 기업이나 상품의 브랜드 호감도를 높이고 차별적인 이미지를 얻게 됨을 보여주었다(양현미, 2002; 윤각, 서성희, 2003; 문달주, 임언석, 2005 등). 신규고객 수가 증가하거나 매출이나 주가 등 기업의 재무적 가치를 높인 사례들도 있다(김두이, 김상훈, 2010 등). 윈-윈하는 파트너십 형태로 진화한 예술기반창조경영에서는 이러한 효과가 더 커질 수 밖에 없다. 예술활용 마케팅을 통해 브랜드의 미학적인 또는 감성적인 가치를 높여줄 수 있고 이는 다른 브랜드와 차별화된 이미지를 형성하는데 도움을 줄 것이다.

마지막으로 기업의 예술기반창조경영으로 인한 예술계 및 사회에 미치는 파급효과가 기대된다. 먼저 예술계에 긍정적 영향을 미칠 것이다. 본문에서 소개한 '사회공헌형' 기업들은 신진예술가를 양성하고 예술단체 및 행사를 재정적으로 후원함으로써 문화예술 발전에 공헌하였다. 또한 '조직경영형'과 '마케팅형' 기업들은 예술가와의 콜라보레이션을 통해 예술가의 역할을 확장시켰다. 기업에서 예술기반창조경영을 통해 예술가의 가치를 인정하고 새로운 일자리를 제공한다면 예술가들은 경제적으로 안정적인 환경에서 예술 활동에 전념할 수 있을 것이고 사회와 분리된 예술이 아니라 사회 속에 예술가로서 자부심은 높아질 것이다. 또한 문화예술향유 기회를 국민들에게 제공함으로써 사회구성원의 창의성을 증진시키는 사회적 기여를 할 수 있다. 창조경제로 가기 위해서는 사회구성원들의 창의성 제고도 중요한 부분이다. 최근 예술 마케팅에 노출된 사람들의 사고가 유연해 진다는 연구결과가 있었다(Hagtvedt and Patrick, 2008). 현대사회는 어디에 가도 기업의 광고와 촉진에 노출될 수밖에 없는 구조인데, 이 것이 미술관과 같은 특별한 공간에 가지 않아도 삶 속에서 예술콘텐츠를 접할 기회로 활용된다면 사회구성원들의 창의적이고 유연한 사고에 긍정적 영향을 미칠 것이고 이는 창조적 사회로 가는 밑거름으로 작용할 수 있을 것이다(김소영 등, 2013).

[그림15] 예술기반창조경영의 효과

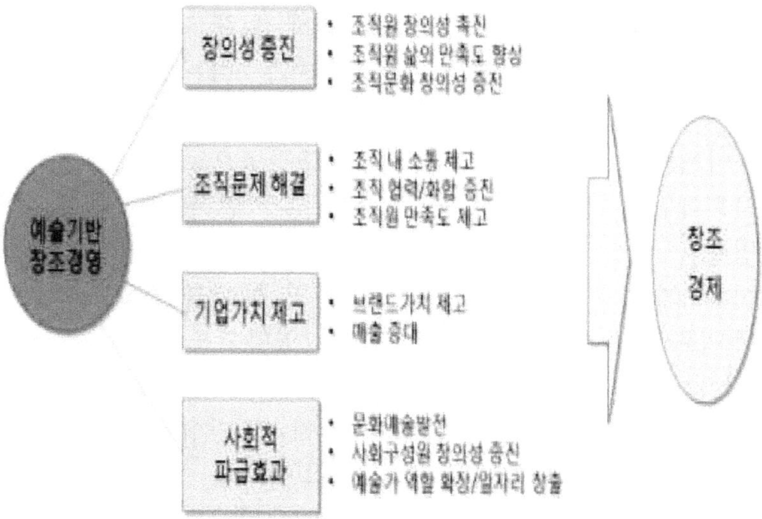

자료 : 김소영(2013)

예술적 개입의 효과

경영미학 전반에 대한 효과 외에 경영미학의 한 유형에 속하는 예술적 개입의 효과에 대해서도 많은 연구들이 있다.

Antal & Strauß(2013)은 참여한 기업을 대상으로 예술적 개입의 효과 29개를 도출하고 8개 그룹으로 범주화 하였다(<표14> 참조). 이들에 따르면 가장 높은 빈도를 나타내는 효과 그룹은 '더 많이 보기/다르게 보기'로 심사숙고, 넓은 관점, 현 상태에 대한 인식을 향상시키는 효과를 나타내고 있으며, 다음으로 높은 그룹은 '활성화' 로 긍정적 경험, 자극, 감성, 에너지를 높여주는 것으로 나타나고 있다.

〈표11〉 예술적 개입의 효과(8개 그룹 29개 효과범주)

8개 그룹	29개 효과 범주
1. 전략 및 운용적 효과 (Strategic and Operational Impacts) - 나타난 빈도: 37회	1. 수익성/이직율 (turnover)[7)] 2. 마케팅/PR 3. 전략* * 3.1. 제품개발 3.2. 제품/서비스 질 3.3. 효율성/생산성 3.4. 인력개발/채용
2. 관계(Relationship) - 나타난 빈도: 65회	4. 외적 관계 5. 내적 관계
3. 조직개발(Organizational Development) - 나타난 빈도: 63회	6. 조직문화 7. 리더십 8. 작업분위기
4. 개인적 개발(Personal Development) - 나타난 빈도: 88회	9. 자신의 발견 10.개인적 성장 11.기술 12.수단
5. 공동작업방식 (Collaborative Ways of Working) - 나타난 빈도: 89회	13.함께하는 질적 작업 14.의사소통의 양 15.의사소통의 질
6. 작업의 예술적 방식 (Artful Ways of Working) - 나타난 빈도: 64회	16.기대치 못했던 일처리 17.새로움에 대한 열림 18.예술적형태의 채택 19.과정신뢰
7. 더 많이 보기/다르게 보기 (Seeing more and differently) - 나타난 빈도: 117회	20.심사숙고(reflection) 21.넓은 관점 22.현상태에 대한 인식
8. 활성화(Activation) - 나타난 빈도: 114회	23.긍정적 경험 24.자극 25.감성(emotions) 26.에너지

자료 : Ariane Berthoin Antal and Anke Strauß(2013)

7) 업무 개선으로 인력이 감소함.

앞서 설명한 경영미학의 세부적인 효과 외에 Antal(2012)은 전반적인 예술적 개입의 효과로 다음의 13가지를 들고 있다.

① 아티스트가 가져오고 아티스트의 방법론을 통해 직원들 사이에서 개발한 새로운 창의성 원천 추가(Adding new sources of creativity—brought in by artists and developed among the employees through the artists' methodologies)

② 프로젝트 이후에 따를 수 있는 새로운 방법론 마련(Putting in place new methodologies that can be followed after the project)

③ 새로운 제품 및 서비스를 개발할 수 있는 현 조직의 제품 또는 서비스와 연계된 새로운 개념 및 가치 찾기(Finding new concepts and values linked to the organisation's products or services that could lead to developing new products and services)

④ 직원의 새로운 역량 발견 또는 잠재적 역량의 표면화(Discovering new competences of the employees or surfacing of dormant competences)

⑤ 조직 또는 커뮤니티 내 사람들의 권한 강화(Fostering empowerment of people within the organization or community)

⑥ 조직 모델, 조직 또는 커뮤니티 내에서 상호 작용, 의사 소통 및 공동 작업 방법 실험(Experimenting with organizational models, ways to interact, communicate and work together within the organization or community)

⑦ 작업 환경 및 건강 향상(Enhancing working climate and health)

⑧ 자신의 작업과 다른 사람과의 관계에 대한 성찰(Stimulating reflection about own work and its relations to others)

⑨ 네트워크 관계 강화(Enhancing network relation- ships)

⑩ 기업 문화와 가치관의 명확화(Clarifying corporate culture

and values)

⑪ 조직의 가시성 향상(Enhancing visibility of the organization)

⑫ 커뮤니케이션 및 대중 인식 향상(Enhancing communication and public awareness)

⑬ 이해 관계자 (예 : 고객, 공급 업체) 및 다른 아티스트에게 적용 할 수 있는 공동 작업 경험 시범(Piloting collaborative experience that can be applied with stakeholder(e.g., clients, suppliers) and with other artists)

예술적지향성의 효과

예술적지향성은 기업가정신과 혁신행동에 긍정적 영향을 미치고 있는 것으로 나타났다. 특히 기업가정신과의 결합효과의 경우, 기업가정신과 예술적지향성 간의 결합효과의 경우, 앞의 기업가정신과 예술적역량 간의 결합유형과 유사한 결과가 도출되었다. 즉, 기업가정신과 예술적지향성이 모두 높은 4형이 1형(기업가정신 저/예술적지향성 저) 및 2형(기업가정신 고/예술적지향성 저)과 혁신행동의 크기에 유의한 차이가 있는 것으로 판명되었다. 3유형(기업가정신 저/예술적지향성 고)과는 평균값의 차이는 있지만 통계적 유의성은 없었다.

[그림16] 혁신행동에 대한 예술적지향성과 예술적역량의 결합효과 분석결과

		예술적역량 저	예술적역량 고
예술적지향성	저	1	3
	고	2	4

제5장 예술경영학과 경영미학의 비교

1. 개념적 비교

경영미학은 기존의 예술경영과는 다른 맥락으로 해석되는데 기존의 예술경영이 경영을 예술에 적용하고 활용하는 것이라면, 경영미학은 예술을 조직 또는 창의적 경영을 위해서 사용하는 것을 의미한다. 즉 경영미학은 예술의 도구적 맥락이 강조되는 것이다. 또한 경영미학은 예술과 경영의 관계에 있어서 변화를 가져오게 되는데, 기존에는 대부분 예술과 경영(또는 기업)의 관계가 독립적이어서 기업이 예술의 후원자가 되는 수준에 불과한 경우가 많았다. 하지만 경영미학은 이러한 예술과 경영(또는 기업)과의 관계를 더욱 융합적으로 변화시키게 되고, 예술의 힘을 이용해서 기업이 자신의 경영을 변화시키는 수준으로 발전하게 되는 것이다. 즉 예술이 단순한 후원 요청자에서 벗어나 기업을 위한 변화 촉진자로서의 역할을 수행하게 되는 것이다. 그리고 이러한 경향이 심화되면 예술과 경영(또는 기업)이 완전하게 통합되는 현상이 나타나게 되며 이를 통해서 기업의 창조성은 극대화될 수 있을 것이다(김소영 등, 2013).

[그림17] 예술경영과 경영미학(예술기반창조경영)의 차이

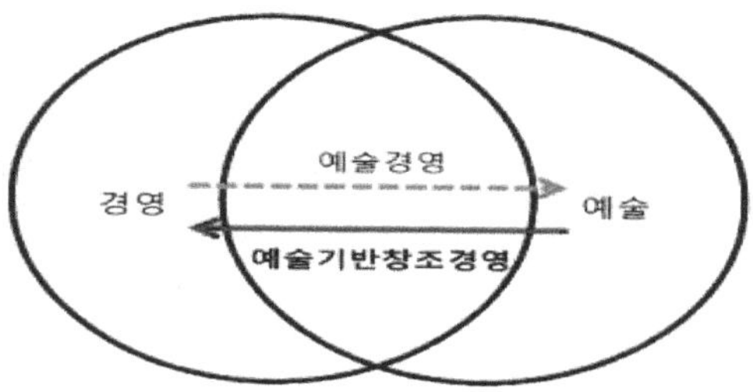

자료 : 김소영 등(2013)

또 다른 관점에서 경영미학은 기존의 예술 및 경영의 결합 관점들이 외부적이고 개별적이며 간접적이고 자선적인 특징을 가지고 있는 것에 비해서 경영미학은 기업의 내부적 문제에 대해서 통합(또는 통섭)적인 접근법을 가지고 직접적으로 문제해결을 하고자 하는 특징을 가지고 있다. 또한 경영미학에서는 '혁신'의 중요성을 더욱 강조함으로써 기존의 개념들과 차별화된 다고 할 수 있다(김소영 등, 2013).

한편, 예술경영학과 경영미학을 예술경영학의 확장 형태로 보는 경우도 있다. 예술경영학은 주로 예술적 결과물이나 재현의 생산과 소비를 위한 시장의 구축과 운영에 초점을 맞춰 형성되어왔다. 그러나 예술을 창의성의 근원으로 둔 창조경제(Throsby, 2001)의 맵핑(mapping)이 이뤄지고 예술과 문화의 비경제적 가치가 재조명되면서(Frey, 2005) 예술경영학의 범주에 변화가 일고 있다. 연구자들이 개인과 사회, 과학, 기술, 산업 등 광범위한 범주에서 예술의 창조적 엔진으로서의 역할과 활용(Gray, 2007; Morato, 2003; Tepper, 2002)이나 문화영역의 패러다임 변화와 연계하여(Dewey, 2004; Wyszomirski, 2003) 예술경영학의 범주를 재정립하는 시도들을 제안해왔다. 나아가 예술적 활동의 확장된 역할에 대한 경영적 접근(Cherbo & Wyszomirski, 2000)의 고려가 예술의 복합적인 매개 대상들의 인지로 더욱 구체적으로 확대되고 있으며(박신의, 2008a, 2008b, 2014; 박양우 & 김유리, 2011; Brkić, 2009; Dewey & Wyszomirski, 2007), 예술경영학의 연구 분야와 훈련 분야의 확장적 재구성이 이뤄지고 있다(박종웅, 2016; 이용관 등, 2016; Brikic, 2009). 이러한 측면에서 기업 내부로 예술가가 들어가 기업의 혁신과 변화경영에 협력하는 예술적 개입의 확산에도 역시 예술경영학적 접근과 주목이 요구된다. 예술가 레지던시(artist residency) 프로그램과는 달리 예술적 개입에서는 예술가가 기업 종업원의 사고와 기업의 업무에 혁신적 접근을 유도하는 과정에 예술 또는 예술의 창작 과정이 제공할 수 있는 경험과 성찰, 지식과 통찰력 등을 동원하여 예술적 상호작용을 형성해야 한다. 이 새로운 협력에 대한 이해는 매개자를 종종 필요로 하는 예술과 이종 분야 간 협력 경영에 중요한 이론 기반을 제공할 것이다. 특히, 예술과 기업 간 협력의 이해와 접근, 관계에 있어서는 새로운 패러다임의 형성과 인식이 필요하다. 예술경영학에서 예술과 기업의 협력은 그 역사가 오래됐다. 예술과 기업의 관계는 후원 파트너에서 전략적 파트너로 진화해오는 가운데에(김휘정, 2008; 소병희, 2001; 전성률, 2012; McNicholas, 2004) 사회적 이해가 단단히 구성되어왔다. 그래서 기업 내부에 파견된 예술인들과 이들과 협력하는 기업측 담당자들은 종종 기존의 예술과 기업 간에 행해져 온 협력방식에 기반한 이해와 실행을 당연시하는 결과들도 나타난다. 일찍이 McNicholas(2004)가 포스트모던 시대의 통섭과 혁신의 요구에 기업의 혁신 시스템의 첨단에 예술의 새로운 협력 확대를 예견하며 양측 간의 새로운 협력을 복잡한 사회적, 환경적, 경제적 환경을 반영하고 적응하는 '복잡한 동적 관계 시스템(dynamic complex adaptive system)' 내지는 '학습하는 관계 시스 템(learning partnership system)' (McNicholas, 2004)"으로 정의내린바 있다(서지혜, 2017).

[그림18] 예술적 개입의 담론 진화도

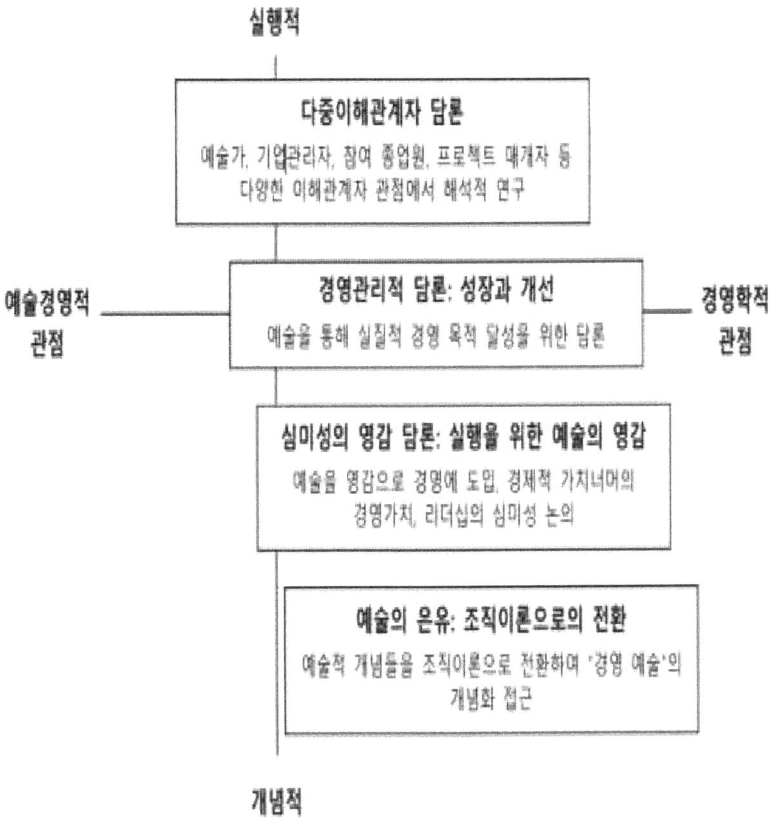

자료 : 서지혜(2017), 13쪽

2. 독자영역의 범위 비교

예술경영학의 영역은 이제 그 틀을 완전하게 갖추었다고 해도 과언이 아니다. 조직 뿐 아니라 예술 그 자체의 운영에 이르기까지 예술적 영역을 모두 커버하고 있다. 반면, 경영미학은 아직 그 체계가 상대적으로 덜 잡혀 있으며, 이제 막 태동하는 단계라 해도 틀린 말이 아니다. 경영미학은 경영학의 한 부류로 현재 독자적인 영역을 갖추고 있다고 하기에는 부족함이 있다.

[그림19] 예술경영학과 경영미학의 영역 비교

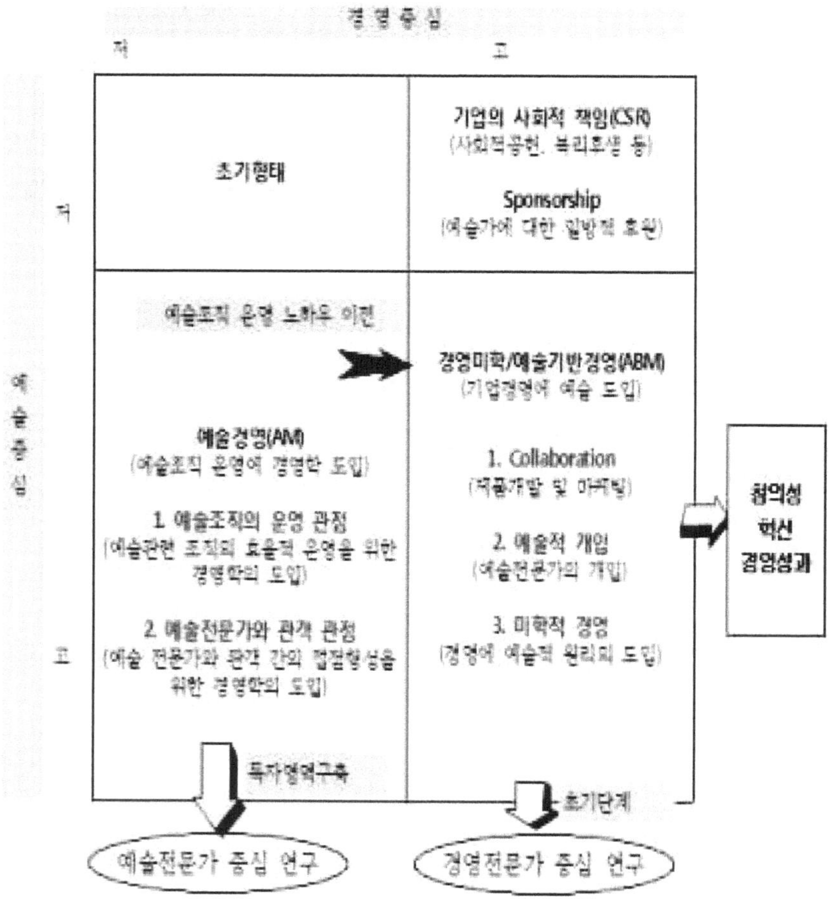

3. 학문적 특성 비교

예술경영학의 학문적 특성

먼저 예술경영학의 학문적 특성을 살펴보면 처음의 용어는 예술단체와 시설에 대한 경영이라는 점에서 'Arts Administration'으로 명명되어졌다. 그러나 예술경영의 대상이 단순한 시설에 대한 관리 혹은 경영 차원이 아닌 다양한 기획과 사회 활동으로 확장되면서 이제는 'Arts Administration'이 아니라 'Arts Management' 로 사용하고 있다. 다른 한편 우리나라에서는 경영학을 'Business Administration'으로 명기하고 있는데, 이것을 정확히 번역하면 '기업경영(또는 관리)'이라 할 수 있다. 경영학에서 발전한 여러 이론체계와 기법들이 예술현장에 적용되고 있다. 궁극적으로 예술의 사회화를 이루려는 목표를 갖는 학문이라 할 수 있다(박신의, 2014).

기본적으로 예술경영의 대상이 '예술가'와 '예술 활동'과 '창작 성과물', 그리고 그것의 사회화(socialization)를 위한 다양한 매개활동에 기반 한다는 점에서 예술경영학 그 자체의 성격과 특수성이 있다.

예술경영학의 목적은 마케팅 기법을 살려 문화예술시설의 재정자립도를 높이되 공공성을 배제할 수 없는 이중적인 점이 특징이며, 소수 전문 인력으로 업무를 수행하는 열악한 조직의 한계에도 불구하고 창의력을 발휘하여 홍보와 관객 개발을 이루어 내야 하는 여건 등도 하나의 특징이라 할 수 있다. 또 관객 개발이라고 할 경우, 그것의 목표를 단순 수치상의 관객 확보에 둘 것인지, 아니면 관객의 예술적 향유에 따른 태도 변화까지를 염두에 둘 것인지를 고민하는 데에 따라 경영학적 접근이 제한될 수도 있다. 예술경영에는 경영 기법들이 일차적으로 차용될 수는 있으나, 그것이 적용되는 대상과 현장의 다양한 경우에 따라 다시 창의적으로 해석되고 실천되어야 하는 과정을 담고 있다.

예술경영에 필요한 경영학적 기법과 툴은 어느 정도의 선에서 일정한 역할을 하는 것일까? 실제로 경영학적 기법과 툴은 사실 그것이 적용되는 예술 현장과 현상에 일대일 대응으로 해결되지 않는다. 물론 마케팅과 재원 조성, 관객 개발과 리더십 등의 기법 등이 실용적 차원에서 일정한 성과를 올리고 있는 것은 사실이다. 하지만 그 기법만으로는 해결되지 않고 설명될 수 없는 부분이 여전히 존재하고 있다.

경영미학의 학문적 특성

경영미학은 문화경영으로 불리기도 한다. 예술현장의 논리라고 할 수 있는 창의성이나 감수성을 경영현장에 적용시키는 현상을 체계적으로 연구하기 때문이다.

조직의 심미성 또는 예술의 적용에 대한 연구는 1960년대부터 시작되어 본격 적으로는 1990년대부터 기업의 경영활동에 예술을 적용하는 것에 대해 연구 되기 시작하였고, 2000년대 들어 더욱 활성화 되고 있다. 지금까지의 문헌들은 연구 방법론에 따라 이론연구와 사례연구로 분류할 수 있는데, 이론연구는 예술기반 경영의 효과를 개념적으로만 설명한 연구로, 예술이 경영에 적용되는 것의 당위성에 대한 문헌과 학술/기업/예술분야의 활동 현황을 소개한 문헌으로 나눌 수 있다. 사례연구는 실제 기업 및 단체에 예술 기반경영이 사용된 사례를 통해 효과를 제시한 문헌들로, 전략/기획, 인사/조직, 마케팅으로 적용 분야가 나누어지며, 예술이 재무적 활동이나 생산활동에 사용된 사례에 대한 연구는 거의 없는 것으로 나타났다. 대부분의 문헌들이 개념적이고 서술적인 내용으로, 인터뷰 기반의 정성적 연구이며, 몇몇은 서베이를 사용하기도 하였으나 예술을 경영에 적용하여 얻은 실질적인 효과를 정밀하게 측정하지는 못한 한계를 나타냈다(장대철, 2012). 그러나 최근 들어 개념의 진전이 일어났으며 대표적인 개념이 예술적지향성으로 예술의 전체적 특성을 기업경영 전반에 적용시키고자 하는 노력이라 할 수 있다.

제6장 결 어

1. 경영과 예술 융합의 미래 방향

현재의 경영과 예술의 융합은 예술경영학과 경영미학으로 나타나고 있다. 예술경영학이 예술에서 경영학을 채용하여 예술적조직의 경영유효성을 높이려고 한다면, 경영미학은 기업에서 예술을 채용하여 기업의 경영유효성을 높이고자 하였다. 이러한 경영과 예술의 양분된 융합형태는 이 두 분야 간의 새로운 융합형태로 접근하고 있다. 즉 경영미학적 관점에서 기업에서 예술을 활용하여 기업의 유효성을 높이는 동시에 참여한 예술가들은 이 과정을 통해 내적 개발과 새로운 관객 및 시장을 만들어가는 것이다.

그러면 향후의 경영과 예술의 융합은 어떤 방향으로 이루어질까? 지금까지의 논의를 바탕으로 통찰력을 발휘해 보면 다음 3가지로 예측된다.

첫째, 기업 상품의 예술품화를 통해 상품의 가치를 차별화하는 것이다. 어떻게 제품에 예술적 가치를 부여할 것인가가 향후 예술과 경영의 융합의 방향으로 예측된다.

둘째, 머지않아 예술적 개입은 1회성이 아닌 지속성을 가진 형태로 기업에서의 일상적 활동이 될 것이다. 이는 예술적지향성과 같이 기업에서의 예술적 추구를 통해 기업의 혁신과 제품의 상품화를 위한 기업의 의지에 의해 자연스럽게 기업 내에서 자리 잡게 될 것이며, 이는 곧 기업의 경쟁력으로 작용하게 될 것이다.

셋째, 기업의 유효성과 예술가의 전문성을 동시에 높이는 프로그램 개발을 위해 경영자와 예술가들의 공동작업이 기반을 잡게 될 것이다.

2. 향후의 연구과제

앞으로 경영과 예술의 융합 발전을 위해 무엇을 해야 할까? 경영과 예술의 관계를 융합적 관점에서 조망하여 이론적 체계화와 신모형의 개발이 필요하다.

첫 번째 필요한 연구의 주제는 경영학중심의 경영·예술의 융합에 대한 전반적인 이론연구와 통합모형의 개발에 대한 것이다. 경영학과 예술의 융합관점에 대한 통합적 차원의 연구 자체가 존재하지 않고 있다. 지금까지 연구들은 각각의 영역 내에서 자신의 주제에 따른 연구만이 존재했을 뿐이다. 따라서 전반적으로 예술기반의 경영 관점의 예술의 융합("예술경영 art management")을 비롯하여 경영학중심의 경영과 예술의 융합("경영미학 management aesthetics")에 대한 이론적 흐름에 대한 역사적 추적이 필요하다. 특히 경영학 중심의 경영과 예술의 융합에 대한 이론적 흐름은 거의 추적되어 있지 않은 상황으로 이론적 체계성이 매우 부족한 상황이다. 이는 관련 이론이 존재하지 않고 있음을 말하는 것이 아니고 이론적 체계화에 대한 시도가 없었음을 의미하는 것으로 전체적인 이론의 통합화와 분류, 그리고 관련 이론들의 역사적 전개에 대한 추적을 통한 체계화의 필요성을 언급하는 것이다. 그리고 이를 통한 새로운 융합모형의 개발이 필요하다.

두 번째 필요한 연구주제는 실행모형에 관한 것이다. 경영기반의 경영과 예술의 융합연구에서 실행모형이라 함은 기업경영에서 실제로 전문적 수준의 예술을 도입하여 경영의 효과성을 높이고자하는 노력에 대한 것이다. 기업들은 그 동안 예술의 효과성에 대해 높은 관심을 갖지 않았으며, 따라서 초기에 기업에서의 예술의 도입은 예술가 및 단체를 초빙하여 기업 내외에서의 공연하거나, 직장 내 예술동아리를 육성하는 소극적인 정도의 수준에 불과하였다. 그러나 2000년대에 들어 기업들은 “조직 내 예술적 개입”이라는 보다 적극적인 방식으로 예술을 기업에 도입하기 시작하였고, 이러한 현상은 유럽을 중심으로 관련단체들의 적극적인 노력과 기업의 새로운 인식으로 더 확산되고 있는 상황이다(Arcom, 2015). 현재 범유럽네트워크인 “Creative Clash"가 형성되어 있다. 조직 내 예술적 개입은 예술전문가의 투입과 조직 구성원의 참여라는 점에서 기존의 기업 내 예술적 개입과는 매우 다르다. 우리나라의 경우에도 한국예술인복지재단에서 예술인파견지원사업을 4년 이상 실시해오며 2800여명의 전문예술인이 전국 기관과 기업에서 활동하도록 하고 있다(예술인복지뉴스, 2017).

이렇듯“조직 내 예술적 개입”은 2000년대 등장이후 실무적으로 많은 발전을 가져온 반면, 이에 비해 학술적으로는 이에 대한 논의가 보고서 수준으로 학술적 접근에 도달하지 못하고 있다는 비판과 함께 최근 들어 이에 대한 학술적 연구가 시도되고 있다. 하지만 이러한 학술적 시도들은 거의 대부분 사례연구를 통해 경영효과를 파악하거나 수행상의 역학관계를 분석하는데 초점을 맞추고 있다. 이에 따라“조직 내 예술적 개입”에 대한 개념화와 계량적 연구를 통한 객관화의 필요성이 제기되어왔으나(김소영·안성아·장대철, 2013), 아직 그에 대한 시도조차 되지 못하고 있다. 따라서 “조직 내 예술적 개입”에 대한 개념적 차원의 접근이 필요하며, 이를 계량적으로 측정하기 위한 척도의 개발이 필요하다. 이미 예술적 개입의 효과에 대해서는 보고서 수준에서는 이미 광범위하게 연구되어졌고, 그 효과도 매우 긍정적인 것으로 나타나고 있다(Skoldberg, Woodilla & Antal, 2015)는 점을 고려하면 보다 객관적으로 입증할 수 있는 수준의 연구가 절실하다 할 것이다. 따라서 경영과 예술의 융합에 대한 체계적인 개념적 접근이 필요하다.

세 번째 필요한 연구주제는 개념모형에 관한 것이다. 경영과 예술의 진정한 융합의 한 분야는 예술적 속성과 경영적 속성의 결합에서 찾을 수 있다. 이러한 분야별 속성은 개념에서 유래하며 따라서 개념적 차원의 융합연구야 말로 진정한 경영과 예술의 융합이라 할 수 있을 것이다. 그러한 지금까지 연구들을 살펴보면, 예술과 경영의 개념에 기반한 개념적 접근이 매우 부족한 상황이며, 또 이러한 개념적 접근의 부족은 이러한 개념들 간의 인과관계를 설정하거나 설명하지 못하는 결과를 낳고 있다. 다시 말해, 예술적 개입이 이루어지면 전략, 관계, 조직 및 개인 개발, 작업방식, 보는 관점, 활성화 등에서 다양한 효과들이 나타나는데 이러한 효과들이 왜, 어떻게 나타나는 지에 대한 설명과 증거가 매우 부족하다는 것이다. 최근 들어서야 예술적 역량이나 예술적 지향성과 같은 개념들이 등장하였으나, 이 중 예술적 역량은 교육학을 중심으로 최근에 경영학으로 도입되어 개념이 발전하여 왔으며, 예술적 지향성은 2018년에야 비로소 등장한 개념으로 초기적 수준에 불과하여 개념정립을 통한 이론적 체계화의 필요성이 매우 크다고 할 수 있다. 특히 예술적지향성의 경우 선행연구를 통해 기업가정신 못지않게 유의하게 혁신행동에 긍정적 영향을 미치는 것으로 밝혀지고 있으나, 이에 대한 체계적 개념화와 척도의 개발이 이루어지지 못한 것으로 지적되었다. 따라서 예술적지향성의 개념 재정립과 척도의 체계적 개발은 개념적 차원의 접근을 위한 기반연구로서 매우 필요성이 크다 할 것이다.

〈참고문헌〉

❍ 국문

강현무·김정식·이용순·노태천 (2010), “공업교육학 연구집단의 사회 네트워크 분석”, 「대한공업교육학회지」, 35(1): 87-105.

경정운 (2012), “정부의 역할이 유합연구효과에 미치는 영향요인에 관한 연구”, 서울시립대학교대학원 박사학위 논문.

경정운·김영우·한승환 (2011), “융합연구의 새로운 발전방향 모색 : NSF의 환경 속의 생명복합성과 NRF의 학제간 융합연구지원사업 비교”, 「한국정책과학회보」, 15(1): 151-177.

과학기술정보통신부(2018), 「2017년도 국가융합기술 R&D 조사·분석」, 한국과학기술연구원 융합연구정책센터

국가과학기술위원회 (2007), 「국가융합기술발전기본방침」, 서울: 국가과학기술위원회.

국가과학기술위원회 (2008), 「국가융합기술발전 기본계획(안)('09~'13): 교육과학기술부 등」,서울: 국가과학기술위원회 운영위원회.

국가과학기술위원회 (2012), 「2013년도 국가연구개발사업 예산배분·조정(안)」, 서울: 국가과학기술위원회.

김경식(2011), “스포츠사회학 공동연구의 연결망 구조와 연구생산성 : 한국스포츠사회학회지 분석”, 「한국스포츠사회학회지」, 24(3): 67-91.

김관호, 정재윤 (2013). 융합산업 원천에 기반한 산업융합 유형 및 시장 성공요인 분석. 대한산업공학회지, 39(3),

204-211.
김성혁(2017), 금속노조 이슈페이퍼.
김세훈 (2013). 문화예술과 콘텐츠 산업 융합 활성화 방안. 문화산업연구, 13(3), 45-53.
김소영·안성아·장대철(2013), "예술기반창조경영의 개념과 유형", 문화경제연 구, 16(2), 41-63.
김예슬·정선양 (2014), "창조경제 발전을 위한 융합형 인재 양성", 한국기술혁신학회 2014년 춘계학술대회 논문집, 71-84.
김용학 (2011), 「사회연결망 분석」, 박영사.
김윤종·정욱·정상기 (2009), "융합기술 관련 국가 연구개발 사업 현황과 효과적 지원전략에 대한 연구", 「기술혁신학회지」, 12(2): 413-429.
김종범 (2014). 융합연구사업과 항공우주기술. 항공우주산업기술동향, 12(2), 3-9.
김지은, 이성주 (2013). 특허정보를 활용한 산업융합성 평가 방법론. 대한산업공학회지, 39(3), 212-221.
김태우(0000), 특집(융합)을 기획하면서, 공업교육
김하나·조한구 (2005), "산학연 공동연구개발 컨소시엄 사업의 실적 및 성공 사례", 한국전기전자재료학회 2005년 춘계학술대회 논문집, 140-144.
김현종, 김성훈 (2019). 조직의 예술적 개입 사례를 통한 '예술가치 매트릭스'(Arts Value Matrix) 분석 연구: 예술인파견지원 사업 중심으로. 대한경영학회지, 32(8), 1445-1464.
김형태 (2012), 융복합산업 및 기술시대에서의 산업공학의 역할. ie 매거진, 19(2), 13-19.
김홍영, 정선양 (2015). 출연연구기관 융합기술 연구네트워크

구조 분석. 기술혁신학회지, 18(4), 693-718.
김홍영·박소희 (2014), 「융합R&D 추진현황 분석 및 활성화 방안」, 서울: 한국과학기술기획평가원.
남수현·설성수 (2007), "한국의 기술혁신 연구자 관계구조 분석 사회네트워크 관점", 「기술혁신학회지」, 10(4): 605-628.
노병석·김아영·이준우(2014), "콘텐츠 산업의 융합 및 콜라보레이션 동향", 정보처리학회지,21(1), 12-18.
랭거 수잔 K저, 박용숙 역(2016), 예술이란 무엇인가, (주)문예출판사.
류귀진, 권혁인 (2008). 가치사슬 관점에서의 산업간 융합 전략 도출 방법에 관한 연구. 인터넷전자상거래연구, 8(4), 217-236.
미래창조과학부 (2014), 「창조경제 실현을 위한 융합기술 발전 전략」, 서울: 과학기술종합심의회.
미래창조과학부·한국과학기술기획평가원 (2014), 「2013년도 국가연구개발사업 조사·분석보고서」, 서울: 한국과학기술기획평가원.
박기범, 황정태 (2007). 융합 연구의 형성과 발전 과정의 고찰을 통한 국내 연구 현황 분석. 조사연구, 1-125.
박대현(2014), "산업 간 융합 관점에서 본 핀테크의 시사점", Internet & Security Focus, 11월, 4-17.
박신의 (2014), "문화예술경영 연구 영역과 방법론 개발의 전망", 문화예술경영학연구, 7(2), 3-21.
박신의(2008), "문화예술경영, 이론적 기반가 실천의 21세기적 전망", 문화예술경영학연구, 1, 205-214.
박신의(2009), "문화예술경영의 경영학적 토대와 창의적 확산", 한국문화경제학회, 문화경제연구, 12(1), 75-107.

박양우, 김유리 (2011). 융합시대의 예술경영 연구 방향에 대한 탐색적 시론. 예술경영연구, 20, 53-84.

박영수, 손웅희, 조성민, 이혜진 a(2013). 산업융합유형 기반의 산업융합성 분석 모형 연구. 한국정밀공학회 학술발표대회 논문집, 1289-1290.

박영수, 이인수, 손웅희, 이혜진 b(2013). 산업융합 유형 기반의 산업융합성 사례 분석. 한국생산제조학회 학술발표대회 논문집, 216-216.

박치성 (2012), "행정학 학문공동체의 공동연구 네트워크 구조에 관한 연구", 「한국사회와 행정연구」, 22(4): 129-153.

사이람 (2014), 「NetMiner를 이용한 소셜 네트워크 분석:기본과정」, 서울: 사이람.

산업융합촉진법(2011년 제정)

산업융합촉진법(2011년 제정)

서지혜(2017), 「예술과 기업의 창발적 협력방안 사례 연구 : '예술적 개입'의 도입과정을 중심으로, 중앙대학교 대학원 박사학위논문」

송용일·이대희·박성배·정윤철 (2004), "융합 연구사업의 최선단 연구기획 관리 전략", 「기술혁신연구」, 12(3): 135-157.

송종국 (2010). 융합기술의 미래전망. Issues & Policy, 1-10.

안승구 (2008), 「국가융합기술 발전 기본계획 수립에 관한 연구」, 서울: 한국과학기술기획평가원.

안연식 (2010), "국가기술전략 관점에서의 기초 융합 연구개발(R&D) 기획선진화 방안 연구:EU, 일본, 미국사례 분석 기반", 「유라시아연구」, 7(1): 25-46.

양재현(2015), 「예술기반경영 사례연구 : 넥서스커뮤니티 예술기반경영 사례」, 한국예술종합학교 예술전문사학위논문.

양혜영 (2008), 「네트워크분석방법을 적용한 과학기술분야간 상관관계 및 국가연구개발사업특성분석」, 서울: 한국과학기술기획평가원.

용호성 (2017), 『예술경영』, 김영사

이광호·김승현·최종화·서지영·강지훈·이아정 (2013), 「융합연구사업의 실태조사와 연구개발특성분석」, 서울: 과학기술정책연구원.

이성훈·이동우(2013), "유헬스케어 중심의 의료산업 융합현황 고찰 및 발전방안 연구", The Journal of Digital Policy & Management, 11(6): 193-197

이수상 (2010), "공저 네트워크 분석에 관한 기초 연구-문헌정보학 분야 4개 학술지를 중심으로", 「한국도서관 정보학회지」, 41(2): 297-315.

이승엽(2001), 『극장경영과 공영제작』, 역사넷.

이은미 (2018), 『예술경영학 공연기획실무』, 도서출판 청람.

이재윤·최상희 (2013), "계량정보학분야의 협력연구 네트워크 및 문헌네트워크 분석 : 국가, 기관, 문헌단위 분석", 「정보관리학회지」, 30(1): 179-191.

이중만·최민석 (2010), "융합기술전문가의 공동연구에 대한 사회적 연결망 분석", 「한국콘텐츠학회논문지」, 10(6): 415-428.

이중만·허태영·이정배·황규희·엄기용 (2008), 「과학기술분야 융합기술 인력현황 및 이동 행태분석」, 대전:한국연구재단.

임성민·김재범·장혜미(2014), "문화 다이아몬드(Cultural Diamond)의 대안적 모델에 관한 탐색적 연구-문화엄브렐러(Cultural Umbrella) 모델을 중심으로," 예술경영연구, 29, 63-86.

임혜선·장태우 (2012), "물류분야 학술지의 공저자 네트워크 및 연구주제 분석", 「IE interface」,
장대철(2012), "예술과 경영 기초조사 연구", ARCOM & 문화체육관광부 & 한국예술종합학교 산학협력단
장대철(2011), 경영미학과 예술기반경영(ABM: Arts-Based Management) : 현황 및 전망
장정·엄명용(2019), "예술과 기술의 융합", 한국콘텐츠학회논문지, 19(4), 477-489.
전수환·신소영(2013), "액션러닝을 활용한 기업문화예술교육 교과개발", 한국예술연구(7), 125-159.
전수환·한아린(2011), "문화예술을 통한 창조경영(Creative Management through Culture & Arts), 「창조경영연구」, 4(1)
정성훈 (2012), "정부 주도형 지역 산학연 협력에 대한 문제점과 개선 방안", 「한국사진지리학회지」, 22(4): 65-74.
정태원·정동섭·김정흠 (2014), "공동논문 현황을 통한 정부출연(연)의 협력네트 구조와 논문성과와의 관계 분석", 「기술혁신학회지」, 17(1): 242-263.
조준일(2005), "산업컨버전스 시대가 열린다", CEO REPORT, LG주간경제 2005.6.1
조찬우·이성주 (2013), "융합기술 개발을 위한 중소기업 간 협업모형 제안", 「대한산업공학회지」, 39(3): 198-203.
지식경제부 외 (2012), 「제1차 산업융합 발전 기본계획」, 서울: 산업융합발전위원회.
진성희·신수봉(2013), "공과대학 융합교육에 대한 사례조사 및 요구분석", 공학교육연구, 16(6), 29-37.
진영현 (2013), 「기술·산업의 융합현상에 관한 실증적 고찰」, 서울: 한국과학기술기획평가원.

최윤정·전수환(2012), 서지혜 2017논문에 나오나 레퍼런스에 없음
최진현 (2010), "방사선종양학 분야의 연구 네트워크 특성 분석", 「대한방사선종양학회지」, 28(3): 184-191.
한승환·경정운 (2010), "융합연구 지원의 정책 방향: 미국 과학혁신정책 기반사업, 스위스 연구센터 역량강화사업을 중심으로", 「정책개발연구」, 10(2): 109-136.
한혁·권오진·강혜진·심위·노경란 (2013), "한국전자통신학회논문지에 나타난 공동연구 네트워크의 구조에 관한 연구", 「한국전자통신학회논문지」, 8(5): 671-678.
허정은·양창훈 (2013), "네트워크 분석을 통한 융합연구 구조분석: 첨단융합기술개발사업을 중심으로", 「기술혁신학회지」, 16(4): 883-912.

❍ 영문

Acedo, F. J., Barroso, C., Casanueva, C. and Gala´n, J. L. (2006), "Co-Authorship in Management and Organizational Studies: An Empirical and Network Analysis", Journal of Management Studies, 43(5): 957-983.
Adler(2006), "The arts and leadership: now that we can do anything, what will we do?", Academy of Management Learning & Education, Vol. 5 No. 4.
Anderson(2005), "The quality instinct: how an eye for art can save your business", Journal of business strategy, Vol. 26 No.5.
Antal, Ariane Berthoin(2012), "Artistic Intervention Residencies and Their Intermediaries : A

Comparative Analysis," Organizational Aesthetics, 1(1), 44-67.

Arts&Business(2004), "Art Works: Why the Business Needs the Arts", Art&Business, London

Austin and Devin(2003), "Artful Making: What Managers Need to Know About How Artists Work", New York: Financial Times, Prentice Hall.

Austin and Devin(2010), "Not just a pretty face: economic drivers behind the arts-in-business movement", Journal of business strategy, Vol. 31 No.4.

Barabasi, A.-L., Jeong, H., Ne ́da, Z., Ravasz, E., Schubert, A. and Vicsek, T. (2002), "Evolution of the Social Network of Scientific Collaborations", Physica A: Statistical Mechanics and its Applications, 311(3-4): 590-614.

Bower, J. L. and Christensen, C. M. (1995), "Disruptive Technologies: Catching the Wave", Harvard Business Review, January-February, 43-53.

Boyle and Ottensmeyer(2005), "Solving business problems through the creative power of the arts: catalyzing change at Unliever", Journal of business strategy, Vol. 26 No.5.

Comunian(2010), "Culture Italan Style: business and the arts", Journal of business strategy, Vol. 31 No.4, pp. 37-44.

Cho, H., Lee, J. S., Stefanone, M. and Gay, G. (2005), "Development of Computer-Supported

Collaborative Social Networks in a Distributed Learning Community", Behaviour & Information Technology, 24(2): 435-447.

Chong, Derrick(2002), Arts Management, Routledge, London And New York, p.2

Darso and Dawids(2002), "It's time for the artists to help the poor business people", Learning Lab Denmark Quarterly, October, 6-7.

Darso(2004), "Artful Creation: Learning-tales of Arts-in-Business", Gylling, Denmark: Narayana Press.

Darso(2005), "International Opportunities for artful learning", Journal of business strategy, Vol. 26 No.5, pp.58-61.

Daum(2005), "Entrepreneurs: the artists of the business world", Journal of business strategy, Vol. 26 No.5, pp.53-57.

Dean, Ottensmeyer and Ramirez(1997), "An aesthetic perspective on organizations", In Cooper, G. L. and Jackson, S. E. (Eds), Creating Tomorrow's Organizations: A Handbook for Future Research in Organizational Behavior. New York: John Wiley.

Deasy(2002), "Critical Links: Learning in the Arts and Student Academic and Social Development", Washington, DC: Arts Education Partnership.

Dissanayake(1995), "Homo aestheticus: Where art comes from and why.", Seattle: University of Washington Press.

Dissanayake(2000), "Art and intimacy: How the arts began.", Seattle: University of Washington Press.

Fiske(1999), "Champions of Change: the Impact of the Arts on Learning", Arts Education Partnership and President's Committee on the Arts and the Humanities.

Gagliardi(1996), "Exploring the aesthetic side of organizational life", In Clegg, S. R., Hardy, C.and Nord, W. R. (Eds), Handbook of Organization Studies. London: Sage, 565-80.

Gibb(2004), "Arts-based training management development: the use of improvisational theatre", Journal of Management Development, Vol. 23 No.8, pp.741-750.

Gold and Hirshfeld(2005), "The behavior of jazz as a catalyst for strategic renewal and growth", Journal of business strategy, Vol. 26 No.5, pp.40-47.

Grisham(2006), "Metaphor, poetry, storytelling and cross-cultural leadership", Management Decision, Vol. 44 No. 4, pp. 486-503.

Hoekmana, J., Frenkena, K., Robert J. W. and Tijssen, R. J. (2010), "Research Collaboration at a Distance: Changing Spatial patterns of scientific collaboration within Europe", Research Policy, 39(5): 662-673.

Kodama, F. (1992), "Technology Fusion and the New R&D", Harvard Business Review, 70(4): 70-78.

Merritt(2010), "What does beauty have to do with

business?", Journal of business strategy, Vol. 31 No.4, pp. 70-76.

Michael Owen Jones(1984), Works of Art, Art as Work, and the Arts for Working:Implications for Improving Organizational Life, Western Folklore, Vol.43(3), p.172-178.

Morlacchi, P., Wilkinson, I. F. and Young, L. (2004), Social Networks of Researchers in Business To Business Marketing: A Case Study of the IMP Group 1984-1999 (No. 116), SPRU-Science and Technology Policy Research, University of Sussex.

Newman, M. E. J. (2001), "The Structure of Scientific Collaboration Networks", Proceedings of the National Academy of Sciences, 98(2): 404-409.

Nissley, Taylor and Butler(2002), "The power of organizational song: an organizational discourse and aesthetic expression for organizational culture", Tamara: Journal of Critical Postmodern Organization Science, 2, 1, 47-62.

Nordmann, A. (2004), "Converging Technologies - Shaping the Future of European Societies", European Commission Research, Interim report of the Scenarios Group, High Level Expert group, 3.

Osburn and Stock(2005), "Playing to the technical audience: evaluating the impact of arts-based training for engineers", Journal of business strategy, Vol. 26 No.5, pp.33-39.

Pelzer(2006), "Art for Management's Sake? A Doubt",

Culture and Organization, Vol.12 No.1, pp.65-77.

Prade, E.La(2002), "The early days of E.A.T.," IEEE MultiMedia, 19(2), 4-5.

Ramirez(1996), "Wrapping form and organizational beauty", Organization, 3, 2, 233-42.

Reaves and Green(2010), "What good are artists?", Journal of business strategy, Vol. 31 No.4, pp. 30-38.

Roco, M. C. and Bainbridge, W. S. (2002), Converging Technologies for Improving Human Performance: Nanotechnology, Biotechnology, Information Technology and Cognitive Science, Arlington, Virginia: NSF/DOC.

Rosenberg, N. (1963), "Technological Change in the Machine Tool Industry, 1840-1910", Journal of Economic History, 23(4): 414-446.

Sandelands and Buckner(1989), "Of art and work: aesthetic experience and the psychology of work feelings", Research in Organizational Behavior, 11, 105-31.

Schmitt and Simonson(1997), "Marketing Aesthetics: The Strategic Management of Brands, Identity and Image", New York: The Free Press.

Seifter(2004), "Artists help empower corporate America", Arts &Business Quarterly, Spring.

Seifter(2005), "Surfacing creativity through the arts: a short interview with Terry McGraw", Journal of business strategy, Vol. 26 No.5, p.6.

Starti(1992), "Aesthetic Understanding of Organizational life", Academy of Management Review, Vol.17. pp.568-581.

Strati(1995), "Aesthetics and organizations without walls", Studies in Cultures, Organizations, and Societies, 1, 83-105.

Strati(1996), "Organizations viewed through the lens of aesthetics", Organization, 3, 2, 209- 18.

Strati(1999), "Organization and Aesthetics", London: Sage.

Styhre, A., & Fröberg, J. (2015). Artistic interventions as détournement and constructed situations. Artistic Interventions in Organizations: Research, Theory and Practice.

Taylor and Hansen(2005), "Finding Form: Looking at the Field of Organizational Aesthetics", Journal of Management Studies, 42:6 September.

Taylor and Ladkin(2009), "Understanding Arts-Based Methods in Managerial Development", Academy of Management Learning &Education, Vol.8 No1. pp. 55-69.

Taylor(2000), "Aesthetic knowledge in academia: capitalist pigs at the academy of management", Journal of Management Inquiry, 9, 3, 304-28.

aylor, Fisher and Dufresne(2002), "The aesthetics of management storytelling: a key to organizational learning.", Management Learning, 33, 3, 313-30.

Thmson(2010), "The art and science of experiential

leadership: culture at the core of process change success", Journal of business strategy, Vol. 31 No.4, pp. 85-89.

TILLT Europe(2009), "Research Framework for Evaluating the Effects of Artistic Interventions in Organizations", TRANSFORMING ORGANISATIONS WITH THE ARTS, TILLT Europe Project Research Report.

Verganti(2006), "Innovating through design", Harvard Business Review, December: 144-22.

White(1996), "It's working beautifully!" Philosophical reflections on aesthetics and organization theory", Organization, 3, 2, 195-208.

Whitney and Packer(2000), "Power Plays: Shakespeare's Lessons in Leadership and Management", New York: Simon and Schuster.

Witz, Warhurst and Nickson(2003), "The labour of aesthetics and the aesthetics of organization", Organization, 10, 1, 33-54.

공저자 소개

■ **한은수** eshan@mokwon.ac.kr

침례신학대학교에서 피아노를 전공하였으며, 충남대학교에서 인사·조직관리 전공으로 경영학 석사와 박사학위를 취득하였다. 현재 목원대학교 사회과학연구소의 연구교수로 재직 중이며, 국군간호사관학교에서 '예술과 미학의 세계'를 강의하고 있다. 주요 관심 분야는 예술경영, 경영미학, 예술미학, 인사관리, 조직관리, 경영전략, R&D 등이다.

■ **성을현** ehsung@cnu.ac.kr

충남대학교에서 경영학박사학위를 취득하였으며, 현재 충남대학교 과학기술지식연구소의 연구교수 및 부소장으로 재직 중이며, 대외적으로는 국제과학비즈니스벨트 위원으로 활동하고 있다. 주요 관심 분야는 인사 관리, 조직관리, 예술경영, 경영미학, 경영전략, 과학기술정책, 기술경영, 지역산업, 산학연협력 등이다.

■ **정철호** cjung@mkwon.ac.kr

충남대학교에서 경영학박사 학위를 취득하였으며, 목원대학교 경영학과 교수로 재직 중이다. 현재 소속 대학에서 산학협력단장, 창업지원본부장을 맡고 있고, 교양교육원장, 취창업지원단장 등을 역임한 바 있다. 대외적으로는 대한경영정보학회장, 한국전자상거래학회장 등 다수 학술단체에서 활발한 활동을 이어가고 있다. 주요 관심분야는 경영과 정보기술 전략, 문화예술 창업·경영, 서비스 사이언스 등이다.

■ **한지수** sop-jisu@hanmail.net

한양대학교 성악과를 졸업하였으며, 독일 드레스덴 국립음대에서 전문연주자 석사과정을 졸업하였다. 독일 쾰른 국립음대에서 성악교육을 수료하고, 이태리 노르마 시립음악원 합창지휘 Diploma를 취득하였으며, 독일 ZAV Agentur Leipzig소속가수로 HfBK Dresden 오페레타 Das Land des Lächelns(미소의 나라)'미' Performance, Dresden 시청 초청연주 및 독일 Dresden Kammerchor 동양인 최초 단원으로 활동 하였다. 현재는 천안오페라단에서 활동하며, 충남예고와 대전예고에서 후학을 양성하고 있다. 관심분야는 음악교육, 음성교정 및 공연예술(연주), 예술경영이다.

예술과 경영의 융합 : 예술경영학과 경영미학

2020년 4월 25일 초판 인쇄
2020년 4월 27일 초판 발행

저자와의 협의하에 인지생략

저 자 한은수 성을현 정철호 한지수
발행인 추일재
발행처 비즈프레스

서울시 강동구 천호 359-23
E-mail : bizpress@hanmail.net
등록 : 2006년 11월 27일 제324-2006-0044호
전화 : (02) 309 - 5356

정가 20,000원 ISBN : 979-11-86331-56-9

이 저서는 2018년 대한민국 교육부와 한국연구재단의 지원을 받아 수행된 연구임
(NRF-2018S1A5B5A02035950)